地球科学
Earth & Space **2** · 地球结构

iSu
中文小博士

教师指南
Teacher's Guide and Resources

主编　Marisa Fang（林宛芊）
　　　Zhining Chin（秦志宁）

高等教育出版社·北京

图书在版编目（CIP）数据

地球科学 . 2. 地球结构 . 教师指南 / 林宛芋，秦志宁主编 . -- 北京 : 高等教育出版社，2019.3
（iSuper 中文小博士汉语教学资源）
ISBN 978-7-04-050879-6

Ⅰ . ①地… Ⅱ . ①林… ②秦… Ⅲ . ①汉语 – 对外汉语教学 – 教学参考资料 Ⅳ . ①H195.4

中国版本图书馆 CIP 数据核字 (2018) 第 294408 号

DIQIU KEXUE 2 · DIQIU JIEGOU · JIAOSHI ZHINAN

| 策划编辑 | 梁 宇 | 责任编辑 | 盛梦晗 李欣欣 | 封面设计 | 乔 剑 | 版式设计 | 水长流文化 |
| 插图绘制 | 齐 珏 | 插图选配 | 李欣欣 | 责任校对 | 王 群 | 责任印制 | 赵义民 |

出版发行	高等教育出版社	网 址	http://www.hep.edu.cn
社 址	北京市西城区德外大街4号		http://www.hep.com.cn
邮政编码	100120	网上订购	http://www.hepmall.com.cn
印 刷	北京盛通印刷股份有限公司		http://www.hepmall.com
开 本	889mm×1194mm 1/16		http://www.hepmall.cn
印 张	7		
字 数	128千字	版 次	2019 年 3 月第 1 版
购书热线	010–58581118	印 次	2019 年 11 月第 2 次印刷
咨询电话	400–810–0598	定 价	88.00元

本书如有缺页、倒页、脱页等质量问题，请到所购图书销售部门联系调换
版权所有　侵权必究
物 料 号　50879–00

前言
Foreword

汉语学习在全球风起云涌，热潮滚滚。然而在正规学校教育体系中，汉语教学的发展还存在很多阻碍，比如师资短缺、师资培训不系统、教材及教学指导匮乏，等等。因此，汉语教学，尤其是沉浸式汉语教学的发展远远不能满足学习者、家长及学校管理者的需求。

千里之行，始于足下。为了推动汉语教学，尤其是沉浸式汉语教学在北美地区更好、更快地进入正规学校教育体系，改变沉浸式汉语教学落后的状况，我们决定编写一套适合北美地区中小学的自然科学汉语教材，以填补这个领域的空白，同时也为在这个领域辛勤工作的教师们提供教学帮助。

《iSuper中文小博士汉语教学资源》（以下简称为《iSuper中文小博士》）在制定教学大纲时，以北美公立中小学英文主流科学教学中使用最广泛、最受学生欢迎的FOSS（Full Option Science System，多重选择的科学体系）[1]科学教材为基础，结合美国东、西两岸和中西部公立学校使用FOSS的实际状况，以及全美中小学自然科学课程标准。在语言难度的处理上，本教材采用循序渐进的编排方式，将汉语字词呈现顺序和难易程度与自然科学的教学进度相结合。这种处理方式可以帮助教师在教授自然科学知识的同时融入汉语教学，从而对学生的汉语学习起到促进和深化的作用。

《iSuper中文小博士》分为五个语言水平，按照ACTFL（American Council on the Teaching of Foreign Languages，美国外语教学委员会）[2]的语言大纲编制，每个语言水平包含三大自然科学知识领域：生命科学、物理科学与地球科学。每个学科包含四个主题，这些主题与FOSS的主题基本一致，同时也兼顾地区差异性。希望这样的安排可以使更多教师从中找到自己需要的教学内容。

《iSuper中文小博士》系列包括：学生用书、教师用书、多媒体资源等。

《iSuper中文小博士·地球科学2·地球结构·教师指南》是第2级"地球科学"的教师用书，对应《岩石》《矿石和化石》《土壤》《水和地球》4本学生用书，包含教学目标（来自全美中小学自然科学课程标准）、教学重点与难点、生词、句型、预备材料、背景资料、教学活动、延展活动等。

本书由汉语教学专家、沉浸式汉语教学专家与一线汉语教师共同努力编写而成，同时也吸收了已有的汉语自然科学教材的编写经验，希望能够对汉语教学的发展起到积极的推动作用。

---

[1] 该体系由美国加州大学伯克利分校劳伦斯科学馆制定，是一个以科学研究为基础、结合教学实际而编制的中小学自然科学教材体系，美国绝大多数地区都在使用。

[2] 美国外语教学委员会，建立于1967年，致力于在各级教育层面推动外语教学与学习，负责制定全美包括中文在内的非英文语言教学的课程与教学标准。

Chinese language education has risen to prominence around the world. An increasing number of learners, parents, teachers and administrators are getting involved. However, Chinese language education in mainstream school systems is still facing challenges, including lack of qualified teachers, proper staff development, quality instructional materials and guidance for instruction. Because of all of these impediments, the development of Chinese language education, particularly Chinese immersion education, remains constrained. Many school administrators are willing to promote Chinese language education because of the demands from parents and the community, yet have difficulties dealing with the above issues in their planning. Therefore, Chinese programs, including Chinese immersion programs, cannot grow to adequately meet the needs of learners, parents and school administrators.

To promote Chinese language education, help it progress in a healthier direction, and address the lack of Chinese instructional materials in the formal school setting, we have decided to develop this Chinese language series of science textbooks for elementary and secondary schools in Northern America. Hopefully, these instructional materials will help hardworking Chinese teachers in their practices, particularly those who are teaching in Chinese immersion school settings.

"*iSuper* 中文小博士", a series of Chinese language science textbooks, is modeled after the FOSS (Full Option Science System)[①] science instructional resources — the most widely used science materials in elementary and secondary schools in the United States. The content and sequence follow the guidelines of the FOSS curriculum, as well as the US National Science Education Standards. The series also integrates the standards adopted by school curricula throughout the United States, and is designed to systematically follow the Chinese learner's language development. The selection of vocabulary is not only based on the content and sequence of science curricula, but also based on the Chinese language usage from beginner to advanced levels. Therefore, when teachers teach the science content, they will find it easier for their students to grasp the content in Chinese. Through using this science textbook, the students will not only learn the science content, but also improve their Chinese language skills when they apply and practice them in science class, which is a common practice in immersion programs.

---

① FOSS is a research-based science curriculum for grades K-8 developed at the Lawrence Hall of Science, University of California, Berkeley.

There are 5 language levels in the "*iSuper* 中文小博士" series, following the ACTFL (American Council on the Teaching of Foreign Languages)[2] standards of foreign language development. Each language level contains three scientific fields: Life Science, Earth & Space and Physical Science. Each area has 4 topics. These topics are not limited to FOSS modules — additional activities related to Chinese language and culture are also included. The topics are also designed to accommodate states or districts that may have a different content range or sequence from FOSS's. We hope that most of the teachers will find their needs met through our series.

"*iSuper* 中文小博士" provides: *Student Books, Teacher's Guide and Resources*, as well as multimedia supplementary references and resources.

This book is "*iSuper* 中文小博士" *Teacher's Guide and Resources 2, Earth & Space*. This book is designed in correspondence with four *Student Books*: *Rocks, Minerals and Fossils, Soil, Water and the Earth*. It includes: 1. The standards and objectives for each instructional unit (based on the US National Science Education Standards); 2. Topics with main concepts and science activities along with key words and sentence patterns; 3. Guidelines for lab activities including observing, investigating, exploring, classifying, comparing, etc. Lab templates are provided, along with stories about scientists and enrichment materials. 4. Other resources including multimedia online resources from Chinese and English language websites.

Many experienced Chinese language education experts, Chinese immersion education specialists and teachers have collaborated to produce this instructional series. It is a team effort, and the team members consulted resources in both Chinese-speaking countries as well as English-speaking countries. We hope that these resources will help the teachers to instruct students in Chinese language as well as science cognitive knowledge, and eventually, promote Chinese language education in K-12 schools throughout the world.

---

[2] Founded in 1967, ACTFL is dedicated to the improvement and expansion of the teaching and learning of all languages at all levels of instruction. From the development of Proficiency Guidelines, to its leadership role in the creation of national standards, ACTFL focuses on issues that are critical to the growth of both the profession and the individual teacher.

作者简介
About the Authors

林宛芊，美国大纽约地区中文教师学会理事，美国大学理事会中文项目汉语志愿者教师顾问。曾在美国公立学校任汉语和英语作为第二外语课程教师二十余年，是北美地区知名的汉语教师、师资培训专家和教材主编。曾成功组织8届中美教育交流访华团，带领200多名教师、专家参观、访问孔子学院总部/国家汉办和中国知名院校，促成北美地区多个学区开设汉语项目。著有《中文百宝箱》《儿歌123》《飞向中文》《远东儿童中华文化》《远东中华文化短文读写加强本》等多套汉语教材。

秦志宁，美国明尼苏达大学课程与教学论博士，美国"沉浸式汉语教学"资深专家。《这是我的书》丛书的总主编，该丛书是中文指导性阅读书籍。长期担任美国明尼苏达州多个中文沉浸式汉语课程与教学项目的顾问。二十多年来，还分别担任美国明尼苏达州教育局教育评估专家，以及圣保罗学区与霍普金斯学区教育测量部主管。

Marisa Fang (林宛芊), currently serves as a board director of the Chinese Language Teachers Association of Greater New York and guest teacher's advisor to the College Board. Having taught Chinese/English as a Second Language for more than 20 years, she has become an active educator, lecturer, teacher-training consultant and textbook author. She has also organized eight successful trips, taking more than 200 educators to visit Hanban and schools in China, and promoting many Chinese programs in local school districts. She is a co-author of many publications including *Chinese Treasure Chest* 《中文百宝箱》, *Chinese 123 — I Sing Along* 《儿歌123》, *Flying with Chinese* 《飞向中文》, *Far East Chinese Culture for Children* 《远东儿童中华文化》, *Far East Chinese Culture Enrichment Activities* 《远东中华文化短文读写加强本》, etc.

Zhining Chin (秦志宁), Ph.D in Curriculum and Instruction from the University of Minnesota and an expert in Chinese language immersion program in the US. The chief author of *It's My Book* 《这是我的书》, a Chinese guided reading book series. She worked more than 10 years as a cultural and language advisor of the XinXing Academy, a full immersion program in the Hopkins School District in Minnesota, US. She also worked for twenty years as an education assessment specialist at the Minnesota State Department of Education , as well as the Assessment Supervisor in the school districts in the metro area in MN.

全美中小学自然科学课程标准 —— 一年级

学科	物理科学	地球科学	生命科学		
分类	物质	地球的结构与变化	生物系统的结构与功能	相互依赖的生物系统	生物的进化过程
标准	根据原材料或物质属性描述物体。	地球物质包括岩石、沙粒、土壤和水分等，它们都有不同的、可观察到的、有使用价值的物质属性。	生物有多种可观察到的特点。	自然体系中的很多元素在相互作用中维持整个体系。	植物与动物在它们的生命周期里都会经历一系列有序的变化。
目标	1. 根据颜色、大小、形状、重量、质感、可塑性与坚固性等属性，以及它的材质种类描述物品。 2. 对水进行观察和记录，并能认识到水可以是固体也可以是液体，可以在两种形态之间转化。	1. 根据颜色、形状、大小对岩石进行分类。 2. 描述土壤与岩石的相同与不同之处。 3. 识别并分别描述地球物质里大的物体与小的物体。	1. 根据生理特征与行为表现来描述动物，并对多种动物进行分类。 2. 认识到动物需要空间、水分、食物、栖身处和空气来维持生命。	1. 描述动物的栖息地如何为它们提供基本的生存需求。 2. 理解动物的生命周期包括出生期、发育期、繁殖期，直至死亡。例如：利用活体或图片来观察蝴蝶、粉虫或青蛙的生命周期。	认识到动物的子系与母系有着相同的生命周期。

The US National Science Education Standards — Grade 1

Subject	Physical Science	Earth and Space Science	Life Science		
Strand	Matter	Earth Structure and Processes	Structure and Function in Living Systems	Interdependence Among Living Systems	Evolution in Living Systems
Standard: Understand that…	Objects can be described in terms of the materials they are made of and their physical properties.	Earth materials include solid rocks, sand, soil and water. These materials have different observable physical properties that make them useful.	Living things are diverse with many different observable characteristics.	Natural systems have many components that interact to maintain the living system.	Plants and animals undergo a series of orderly changes during their life cycles.
Benchmark	1. Describe objects in terms of color, size, shape, weight, texture, flexibility, strength and the types of materials in the object. 2. Observe, record and recognize that water can be a solid or a liquid and can change from one state to another.	1. Group or classify rocks in terms of color, shape and size. 2. Describe similarities and differences between soil and rocks. 3. Identify and describe large and small objects made of earth materials.	1. Describe and sort animals into groups in many ways, according to their physical characteristics and behaviors. 2. Recognize that animals need space, water, food, shelter and air.	1. Describe ways in which an animal's habitat provides for its basic needs. 2. Demonstrate an understanding that animals pass through life cycles that include a beginning, development into adults, reproduction and eventually death. For example: Use live organisms or pictures to observe the changes that occur during the life cycle of butterflies, meal worms or frogs.	Recognize that animals pass through the same life cycle stages as their parents.

本书内容
Table of Contents

教学目标 | Objectives

1. 了解什么是岩石。

2. 分辨岩石的种类。

3. 了解岩石的用途。

4. 了解什么是矿石和化石。

5. 了解土壤是怎样形成的。

6. 了解土壤的重要性。

7. 了解水的变化和力量。

8. 认识保护水土资源的重要性。

教学重点与难点 | Essential Questions

1. 如何通过观察岩石了解岩石的不同属性？

2. 如何对岩石进行分类？

3. 矿石和化石是如何形成的？

4. 土壤是什么？土壤是如何形成的？

5. 水是如何循环变化的？

Letter to Parents

Dear Parents,

Our class is beginning an earth science topic. We will be studying rocks, one of the most important earth materials. Our investigations will focus on the properties of rocks and the uses of various rocks (pebbles, gravel, sand, silt and clay). Students will be working extensively with materials: observing, comparing and communicating what they learn through their firsthand experiences with earth materials.

We will also be investigating different kinds of soil and comparing soils that we gather from our community. At the end of the topic, students will be introduced to natural sources of fresh and salt-water.

Your child may ask for help finding a rock or two to contribute to our class rock collection. A rock from your yard or neighborhood is fine. As our study continues, your child will be learning more and more about rocks.

By helping this science courses, you may try to find opportunities to talk with your child about sand, gravel, soil and water, and ways people use these materials in construction (asphalt, concrete, bricks, mortar, etc.) and landscaping. This is an engaging theme for a family outing. We're looking forward to lots of discoveries and new experiences as we explore the earth materials that can be found all around us.

If you have any questions or comments, or have expertise you would like to share with the class, please let me know.

Sincerely,

Your child's Chinese teacher:

_____

（老师签名）

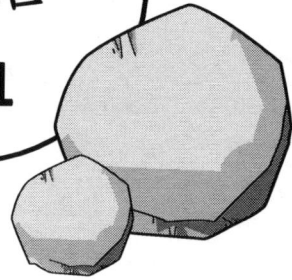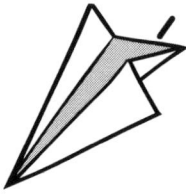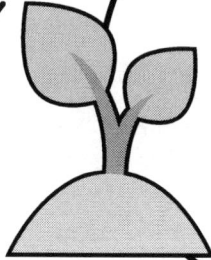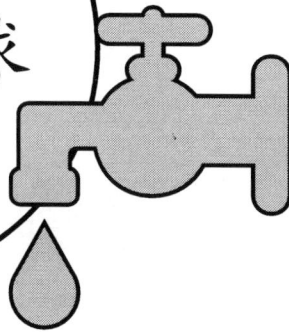

第一单元 岩 石

教学目标 | Objectives

1. 了解岩石是由矿物质组成的。
2. 通过观察岩石的大小、颜色、形状和质地对岩石进行分类。
3. 描述土和沙相同和不同的地方。
4. 了解岩石为什么对我们的生活很重要。

教学重点与难点 | Essential Questions

1. 如何通过观察岩石了解岩石的不同属性？
2. 如何对岩石进行分类？

生词 | Vocabulary

岩石	构成地球表层的主要物质，是由一种或多种矿物质组成的。
大石块儿	体型巨大的块状石头。
大卵石	天然形成的、没有棱角的大石头，多为圆形，表面光滑。
小卵石	天然形成的、没有棱角的小石头，多为圆形，表面光滑。
砾石	颗粒直径大于2毫米的岩石和矿物碎屑。
沙	由细碎的岩石和矿物颗粒组成的天然颗粒物。它比砾石更细，比泥沙更粗糙。
泥	土壤和水混合后产生的柔软黏性物质，可生长植物，是昆虫寄生的地方。
陶土	是烧制陶器和粗瓷器的黏土。土质细密，潮湿时可塑性好，但烧制后变得很硬。

句型一 | Sentence Pattern 1

由……组成

↣ 岩石是一种固体，<u>由</u>很多不同的矿物质<u>组成</u>。

↣ 这个玩具是<u>由</u>很多形状<u>组成</u>的。

句型二 | Sentence Pattern 2

过去的……，现在的……

↣ <u>过去的</u>人会用石头刀和石头枪打动物来吃，<u>现在的</u>人会把石头烧热了，把肉放在石头上面烤着吃。

↣ <u>过去的</u>人只能走路出游，<u>现在的</u>人可以坐船、坐火车、乘飞机旅行。

句型三 | Sentence Pattern 3

比……还要……

↣ 这是大石块儿，它<u>比</u>你的两只手合在一起<u>还要</u>大。

↣ 这个苹果<u>比</u>小皮球<u>还要</u>大。

句型四 | Sentence Pattern 4

把……就……

↣ <u>把</u>沙、砾石和水泥和在一起，<u>就</u>能修成公路。

↣ <u>把</u>红色和白色混合在一起，<u>就</u>可以变成粉红色。

预备材料 | Materials Needed

教学课件（幻灯片或其他电子课件）	
学生用书	课前准备
生词卡片	活动材料
课堂活动练习纸	**活动页：** 活动页1-1：连一连 活动页1-2：岩石很重要 活动页1-3：我的石头 活动页1-4：找生词	**科学活动记录：** 科学活动记录1-1：观察岩石的差异 科学活动记录1-2：比较土和沙 **总结复习：岩石**
视频短片	**建议在YouTube上搜索以下关键词查找相关视频：** 1. *Types of Rock* — *The Dr. Binocs Show* 2. *Be a Rock Detective* 3. *Pottery Wheel Basics* — *CraftProjectIdeas.com*	
参考图书	1. *National Geographic Readers: Rocks and Minerals* by Kathleen Weidner Zoehfeld 2. *My Book of Rocks and Minerals* by Devin Dennie	

背景资料 | Background Information

　　岩石是地球表层普遍存在的一种物质。山上、水边、道路旁、家或学校附近，到处都能看到岩石。不同的岩石有不同的特性和用处。本单元内容主要是启发学生在对岩石已有的认识基础上，经过老师的引导，能综合运用感官和放大镜近距离观察和描述各种岩石的特点，并学习如何从岩石的大小、颜色、形状、质地等来进行分类。通过实验可以明白：分类的标准不同，得出的结果必然不同。学生可以从亲身参与的实验和探索中掌握关于岩石的基本知识，并且进一步了解地球的结构以及岩石的变化。

　　岩石是一种重要的自然资源。道路建筑物的建造离不开岩石，玻璃和镜子等日常用品的生产也离不开岩石这种材料……总之，人们的生活离不开岩石。我们要如何利用和保护岩石？如果岩石资源匮乏了，世界会如何变化？

　　在课堂上讨论岩石这种自然资源的重要性。

课前准备 | Preparation Before Class

老师准备一块石头或一张岩石图片，请每个学生自己准备一块石头（大小、颜色不限）。

教学活动 | Activities

1. 课前讨论：先让学生介绍自己带来的石头。主要包括：石头是从哪里找来的？石头的大小、颜色、质地（表面光滑或不光滑）等。

2. 学生们描述完自己的石头后，老师展示一块石头或者一张岩石图片，并说明："地球表面有很多不同的岩石。这些岩石长期经历着地壳变动、火山爆发、河流冲击，逐渐形成了形状、大小、成分各不相同的岩石。每块岩石都是天然的矿石。"随后让学生轮流触摸这块石头，近距离观察它的大小、颜色、形状和质地。

3. 播放关于"岩石"的视频短片，建议在YouTube上搜索关键词"*Types of Rock — The Dr. Binocs Show*""*Be a Rock Detective*"。之后让学生举手说出在视频中看到或学到的东西。接着，老师说："今天我们就要来观察和了解这些不同的岩石。"老师提问：

   - 你们知道岩石是怎么形成的吗？
   - 大石块儿是怎么变成小石块儿的呢？

4. 课文导读：拿出学生用书，让学生观察封面上的照片。老师指着封面，提问：

   - 你们看到了什么？
   - 看到的物体是什么颜色的？
   - 猜猜看这是什么地方？
   - 你们看过类似的图片吗？在哪里看过？
   - 谁能读出书上的汉字？它是什么意思？

5. 课文导读：翻开学生用书第2页，介绍书上的图片名称和地点。老师可以补充这些地方的其他图片，或者让学生从网络上观看这些地方的实景图片或视频。然后，让学生注意观察这些地方的共同特征 —— 由岩石组成。鼓励学生举手发言，描述这些岩石。例如：黄山的岩石很大、很高。落基山脉的岩石是彩色的，有条纹，很漂亮。大峡谷的岩石很大，可是很平。象鼻山的岩石在水上面，中间有一个洞，好像一只大象在低头喝水。

6. 总结：老师通过提问检测学习成果。

> • 什么是岩石？
>
> • 岩石是怎么形成的？
>
> • 你要如何观察岩石？

让学生把从家里带来的石头拿给三个同学看，互相比较、观察和触摸石头。几分钟后，请学生们把石头放到教室后面展示。

第1课时小结

▶▶ 地球表面有很多不同的岩石。

▶▶ 岩石有很多不同的种类。

▶▶ 岩石是天然的矿石。

课前准备 | Preparation Before Class

老师准备一些不同种类的岩石图片。

教学活动 | Activities

1. 先复习"岩石是什么""岩石是怎么形成的"等内容，然后翻到学生用书第3页，让学生比较一下右边五张图里的石头，引导他们说一说这些石头有什么不一样的地方。例如：这些石头有的大，有的小；有的粗糙，有的光滑；有的是单色的，有的是彩色的。询问学生上一课时是否看过相同的石头，在学校或家附近有没有见过类似的石头。

2. 课文导读：用幻灯片呈现第3页的课文，老师指着课文第一行，一个字一个字地让学生大声跟读，多重复几遍。接着领读第二段和第三段的课文。学生熟读课文后，可以指定学生上来做小老师，带领全班大声跟读。最后让学生和同伴配对，用手指指着课文一个字一个字地互相念给对方听。

3. 展示不同种类岩石的图片或播放相关视频，说明岩石是由很多矿物质组成的。然后，带领全班翻到学生用书第4页，介绍这些石块的名称（花岗石、云母、长石和石英）。让学生比较这些岩石有什么相同和不相同的地方。例如：花岗石和长石的表面很光滑，云母和石英的表面很粗糙；石英有长长尖尖的长柱体等。同时，鼓励学生观察学校和家附近有没有类似的石块儿。例如：学校的地板、墙壁、雕像，家里房屋的外墙、厨房的料理台等。

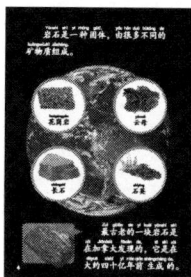

4. 提问：

> • 这些石块儿对我们的生活有什么帮助？

引导学生讨论过去的人和现在的人生活是否需要石块儿。让学生翻到学生用书第5页，说说他们在图片上看到了什么。（☞参考答案：城墙、石头刀、石头枪、打猎的人。）

5. 课文导读：用幻灯片呈现第5页的课文，带领学生朗读。老师重复相同的教学方法，再带领学生朗读第6—7页的课文。老师指着第6页的课文"过去的人还会用石头生火，用火取暖，用火烤吃的。现在的人会把石头烧热了，把肉放在石头上面烤着吃。"开展阅读活动。

6. 读完第5—7页的课文后，老师引导学生用本课句型一（由……组成）和句型二（过去的……，现在的……）来造句。先让学生熟悉课文的例句，再鼓励他们自己造句，最后给予点评和奖励。接着老师提问：

> • 过去的人用石头做什么？
> • 现在的人用石头做什么？
> • 岩石对人们的生活有什么重要性？

引导学生用刚才所学的知识回答问题。（☞参考答案：过去的人用石头生火、取暖、烤肉、打猎，现在的人用石头盖房子、造桥、铺路等。）

7. 科学活动一：观察岩石的差异。

活动目标

◆ 帮助学生观察岩石并按照属性进行分类。

活动材料

◆ 岩石样本包：砾石、大卵石、小卵石、花岗石、云母石、水晶、石英

◆ 科学活动记录1-1

◆ 实验用具：放大镜

步　骤

（1）将全班分组，给每组分发一包岩石样本和一个放大镜。

（2）老师提问：

• 你们用什么方法来观察岩石？

• 你们用什么方法来给岩石分类？

（3）让每个小组用各种不同的方式观察岩石并讨论如何分类。老师在小组间巡视并提供指导。（提示：可以用放大镜看；可以用手摸、敲、刻、画，以此来观察岩石；可以根据大小、颜色、形状、质地来分类。）

（4）分发"观察岩石的差异"（☆见科学活动记录1-1，第21页）。让学生按照活动页里每一项的要求填写石头的数量。这个练习可以在小组进行讨论时分工合作完成，也可以在小组讨论后独立完成。等练习完成后，老师指定学生汇报他们小组的填写情况。

（5）活动总结：岩石遍布在地球表面，由于长期经历着地壳变动、火山爆发或河流冲击。这些岩石有的大，有的小；有的是单色的，有的是彩色的；有的摸起来很光滑，有的却很粗糙。

第2课时小结

➧ 岩石是一种固体，是由很多不同的矿物质组成的。

➧ 岩石可以根据大小、颜色、形状和质地来分类。

➧ 岩石对我们的生活很重要。

第3课时（30分钟）

课前准备｜Preparation Before Class

老师准备一些大石块儿、砾石、大卵石、小卵石。

教学活动｜Activities

1. 复习上一课时"岩石有不同的种类""岩石对我们的生活很重要"的内容。然后，翻开学生用书第9页，让学生先看看图片，提问：

   - 他们在做什么？
   - 小男孩儿手上拿着什么？
   - 他为什么要拿着放大镜？
   - 这些岩石有什么不一样？
   - 为什么有的大，有的小？

   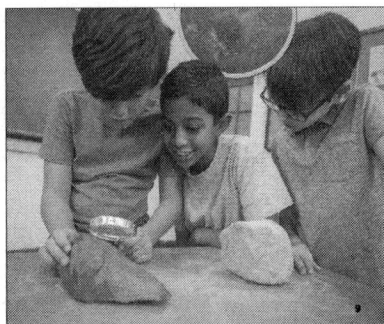

2. 课文导读：用幻灯片呈现第8—9页的课文，开展阅读活动。

   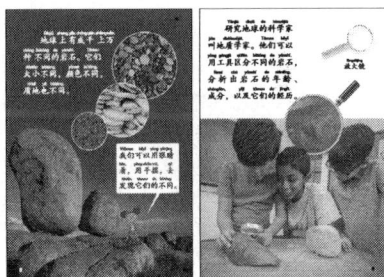

3. 老师根据第10—11页上的内容，在白板上展示"岩石、大石块儿、大卵石、小卵石、沙"五张生词卡片。叫五位学生走上讲台，每人抽取一张生词卡片并为生词卡片画图。老师点评并将生词卡片顺序打乱。接着，请学生举手上台，把生词卡片上对应的岩石按照从小到大的顺序进行排列。（☞参考答案：沙＜小卵石＜大卵石＜大石块儿＜岩石）

   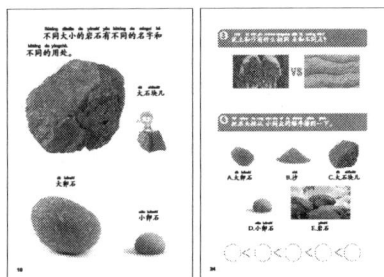

   在多数学生都掌握这个概念后，让学生翻到学生用书第24页，独立完成练习4。之后，老师公布参考答案（如上），学生与同伴互相检查。

4. 老师介绍学生用书第11页的图片和生词，并展示大石块儿、砾石、大卵石、小卵石，让学生观察和触摸，问他们有什么感觉。（☞参考答案：大石块儿、砾石表面粗糙，卵石表面光滑。）随后老师领读第12—15页的课文。重复几遍，直到学生掌握这些不同石头的概念和性质，特别强调句型三（比……还要……）。先让学生熟悉课文例句，再鼓励他们自己造句，老师最后给予点评和奖励。

5. 练习：连一连（☆见活动页1-1，第17页）。让学生和同伴共同完成这个练习。老师随堂巡视并指导。

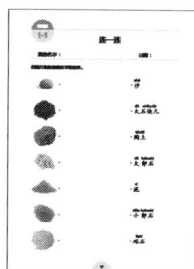

6. 科学活动二：比较土和沙。

活动目标

◆ 帮助学生了解土和沙的异同。

活动材料

◆ 岩石样本：一包土、一包沙
◆ 科学活动记录1-2
◆ 测量工具：量杯或勺子
◆ 实验用具：纸盘、纱网、水

步　骤

（1）给每个组分发两个纸盘。

（2）用量杯或勺子把等量的土和沙倒入纸盘。

（3）让学生观察并描述土和沙的差异。引导学生用看、摸、闻、吹等方式去比较两者的异同。例如：用眼睛看，颗粒大小是否相同？颜色是否相同？用手触摸，软硬程度是否相同？用鼻子闻，气味是否相同？

（4）分发"比较土和沙"（☆见科学活动记录1-2，第22—24页）。让学生把观察的结果记录在第22页的空格里。

（5）做活动记录表第23页上的实验一：用纱网过滤土和沙。

①让学生用手抓一把土，用纱网过滤，观察土是否会从纱网中漏下来。

②同样让学生用手抓一把沙，用纱网过滤，观察沙是否会从纱网中漏下来，并把结果记录在相应的表格中。

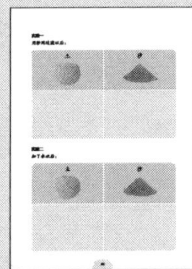

（6）接着进行活动记录表第23页上的实验二：观察加了水以后的土和沙。

①老师在盛有土和沙的盘子里加一些水，让两个学生分别拿起土和沙用力捏紧。然后张开手让大家看一看，哪一个捏得比较紧。（☞参考答案：土加了水以后会粘在一起，而沙加了水还是松散的。）

②叫几位学生走到讲台前面做实验，并问他们哪一种物质捏在手里的感觉比较舒服。（☞参考答案：土感觉软，舒适；沙感觉硬，在手里用力握一握，有点疼。）

③如果有时间，这个实验可以在小组内进行，以便让每个学生都有机会亲自碰触干燥的土和沙，以及了解加了水以后的情况。让学生把结果记录在相应的表格中。

（7）让每个小组讨论两个活动的实践体会，请学生发言分享感想。然后，老师协助学生完成活动记录表（第24页）"总结"的内容。（提示：相同点：土和沙都是岩石的一种；不同点：土含有腐殖质（释义见第三单元），可以种植物，质软，黏性强；沙是由岩石或矿物颗粒组成的松散物质，坚硬，黏性弱。）

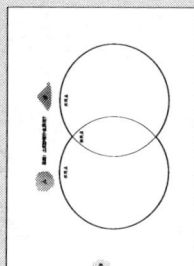

（8）活动总结：老师总结说明土和沙虽然都是岩石的一种，但二者并不相同。土壤含腐殖质（释义见第三单元）；而沙是由岩石或矿物颗粒组成的松散物质。

7. 课文导读：用幻灯片呈现第16—17页的课文，开展阅读活动。

8. 总结：老师通过提问检测学习成果。

- 卵石和砾石有何区别？
- 土和沙有何区别？

第3课时小结

▸ 岩石是由很多不同的矿物质组成。

▸ 岩石可以根据大小、颜色、形状和质地来分类。

▸ 土和沙不一样。土比较软，黏性强；沙比较硬，很松散，不易结合。

第4课时（30分钟）

课前准备 | Preparation Before Class

老师准备几个陶制的杯子或碗，足量的潮湿的陶土（每人一团），足量的石头（每组十块或每人一个）。

教学活动 | Activities

1. 复习"岩石的种类""如何观察岩石""土和沙的异同"等知识。

2. 展示陶制的杯子或碗，说明陶土是一种很细、很软的土，通常用来制作陶器，如碗、杯子、锅、罐子等。播放关于"陶器的制作"的视频短片，建议在YouTube上搜索关键词"*Pottery Wheel Basics — CraftProjectIdeas.com*"。帮助学生了解这些陶碗、陶杯、陶锅、陶罐的制作过程。

3. 学生动手做陶具。将一团团潮湿的陶土分发给每个学生，让他们依照自己的喜好捏成碗、杯子或其他容器。如果陶土不易获得，可以用黏土（craft clay）来代替。作品完成后，让学生分别与三个同学分享。学生作品可以陈列在教室内或走廊上供大家欣赏。

4. 翻开学生用书第20—21页。提醒学生从图片里寻找不同的岩石，回答这些岩石被用来做了什么。老师提问：

- 你们看到了什么？
- 这些人在做什么？
- 找一找，砖头、大石块儿和砾石都用到哪里了？

5. 介绍拓展词汇砖头（bricks）、水泥（cement）、卡车（truck）、推土机（bulldozer）、起重机（crane）等，指出砾石、沙和水泥和在一起会变得很坚硬和牢固，因此就可以拿来盖房子、修公路和桥梁。

6. 课文导读：用幻灯片呈现第20页的课文，开展阅读活动，强调句型四（把……就……）。先练习课文例句，然后鼓励学生自己造句，老师最后给予点评和奖励。接着继续学习第21页的课文，开展阅读活动。

7. 总结：岩石对人们的生活很重要。除了用石头生火取暖、烤肉、做成刀枪打猎之外，岩石还可以盖房子、修公路等。

8. 练习：岩石很重要（☆见活动页1-2，第18页）。让学生先根据学生用书学到的知识来回答问题，再把岩石的作用填在相应的空格里。

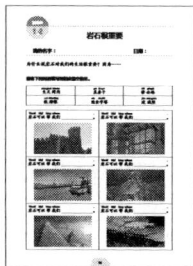

9. 复习检测：带领学生复习学生用书第1—21页的课文。随后分发"总结复习：岩石"（☆见练习纸，第25页）。老师读题，学生听完题目后把正确的答案圈出来。

第4课时小结

➡ 岩石对人们的生活很重要。

➡ 岩石可以用来生火、烤肉、盖房子、修公路等。

🚗 **延展活动**｜**Extended Activities**

1. 竞赛：叠石头

   每个小组选出十块石头，仿照学生用书第3页的图片把石头叠起来。当十块石头全部用完时，叠得最高的小组获胜。

2. 画一画：画石头

   让每个学生选一块石头，在上面写字或画画。可以参考学生用书第25页的制作方法。然后做练习：我的石头（☼见活动页1-3，第19页）。让学生描述自己的石头，如颜色、形状和质地以及石头上的字或图案等。练习完成后，向同伴描述自己的石头并分享作品。老师可以将学生的作品收集起来，展示在教室内或走廊里。

3. 字谜：找生词

   老师分发"找生词"（☼见活动页1-4，第20页）。请学生们在表格中找到词库里的生词，并画上圆圈。

字谜　参考答案

我会｜I Can

☐ 我知道岩石是怎么形成的。

☐ 我能分辨岩石的种类。

☐ 我了解土和沙的异同。

☐ 我知道陶土可以做成碗、杯子、罐子等物品。

☐ 我知道可以用岩石生火、盖房子、修公路。

学生科学笔记问题（家庭作业）｜Student Journal (Homework)

1. Can you tell two places in China and two places in USA where are mostly built by rocks?

2. Can you name three different rocks used in your house?

3. How can you tell the differences between soil and sand?

4. Where are rocks used in your neighborhood?

连一连

把图片和相应的汉字连起来。

 ·

shā
· 沙

 ·

dà shíkuàir
· 大石块儿

 ·

táotǔ
· 陶土

 ·

dà luǎnshí
· 大卵石

 ·

ní
· 泥

 ·

xiǎo luǎnshí
· 小卵石

lìshí
· 砾石

岩石很重要

我的名字：   **日期：**

为什么说岩石对我们的生活很重要？因为……

请将下列词语填写到相应的空格里。

shēnghuǒ kǎoròu 生火烤肉	gài fángzi 盖房子	xiū gōnglù 修公路
zuò diāoxiàng 做雕像	zào Jīnzìtǎ 造金字塔	jiàn chéngbǎo 建城堡

Yánshí kěyǐ bāng wǒmen
岩石可以帮我们 _____ 。

Yánshí kěyǐ bāng wǒmen
岩石可以帮我们 _____ 。

Yánshí kěyǐ bāng wǒmen
岩石可以帮我们 _____ 。

Yánshí kěyǐ bāng wǒmen
岩石可以帮我们 _____ 。

Yánshí kěyǐ bāng wǒmen
岩石可以帮我们 _____ 。

Yánshí kěyǐ bāng wǒmen
岩石可以帮我们 _____ 。

我的石头

我的名字：   **日期：**

这是我的石头

（请画在这里）

1. 我的石头是 _____ 。（大石块儿／大卵石／小卵石／……）

2. 我的石头长 _____ 厘米，宽 _____ 厘米。

3. 我的石头是 _____ 的。（红色／蓝色／白色／绿色／……）

4. 我的石头是 _____ 的。（长方形／正方形／三角形／……）

5. 我的石头摸起来很 _____ 。（光滑／粗糙）

6. 我的石头上面有 _____ 。

找生词

我的名字：   日期：

请在下表中找到词库里的生词，并用笔圈出来。

山	大	小	火	砾	小	儿	块
屋	明	卵	石	泥	卵	黄	岩
石	金	岩	火	大	泥	山	大
沙	大	石	块	儿	房	小	矿
山	峡	头	小	砾	陶	屋	物
谷	谷	中	土	矿	大	峡	质
中	山	金	金	字	塔	谷	卵

词　库

yánshí 岩石	fángwū 房屋
dà shíkuàir 大石块儿	Huáng Shān 黄　山
luǎnshí 卵石	Dà Xiágǔ 大 峡谷
lìshí 砾石	Jīnzìtǎ 金字塔
shā 沙	kuàngwùzhì 矿物质

观察岩石的差异

我的名字：   **日期：**

分类标准	数量
大小	大： _____ 个 中： _____ 个 小： _____ 个
颜色	红　色： _____ 个 蓝　色： _____ 个 黄　色： _____ 个 黑　色： _____ 个 白　色： _____ 个 绿　色： _____ 个 咖啡色： _____ 个 粉　色： _____ 个 其　他： _____ 个
形状	□ 长方形： _____ 个 □ 正方形： _____ 个 △ 三角形： _____ 个 ○ 圆　形： _____ 个 ○ 椭圆形： _____ 个 ◇ 菱　形： _____ 个 ♡ 心　形： _____ 个 ☆ 五角星： _____ 个 　其　他： _____ 个
质地	粗　糙： _____ 个 光　滑： _____ 个

比较土和沙

我的名字：　　　　　　　　　　　　　　　　**日期：**

初步观察

	土	沙
体积 （用眼睛看）		
颜色 （用眼睛看）		
形状 （用眼睛看）		
软硬 （用手触摸）		
气味 （用鼻子闻）		

实验一

用纱网过滤以后：

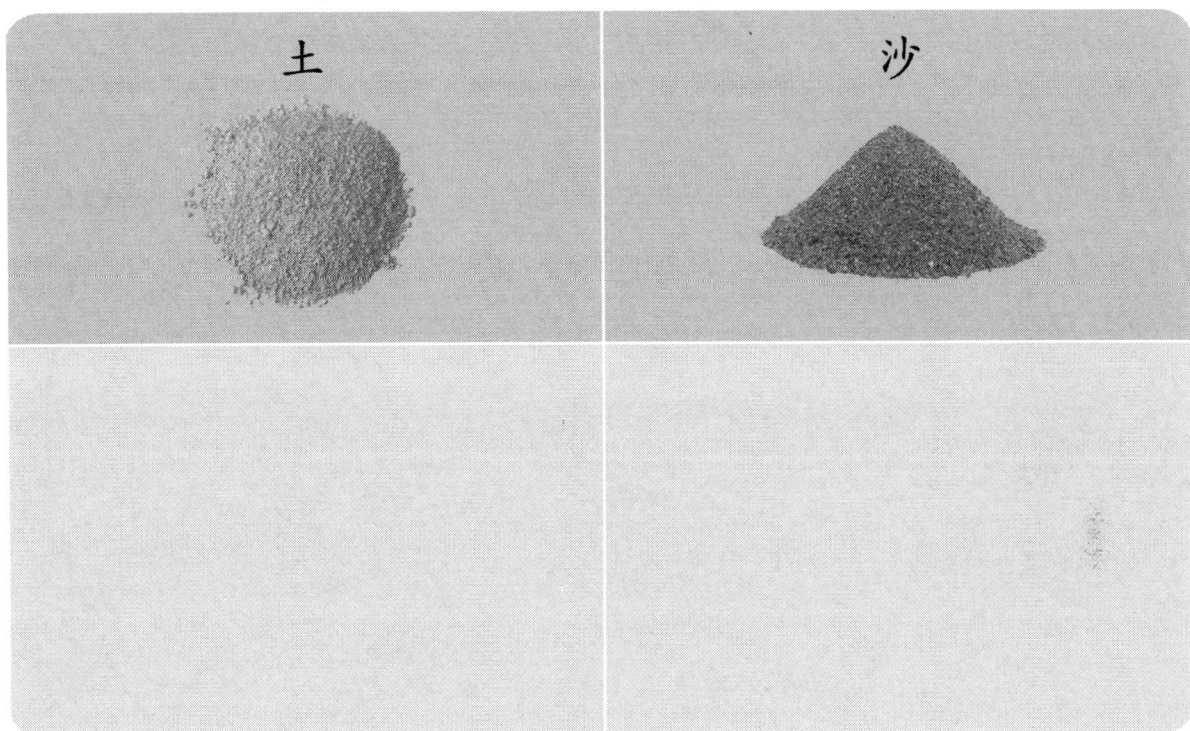

实验二

加了水以后：

总结：土和沙有什么异同？

沙

土

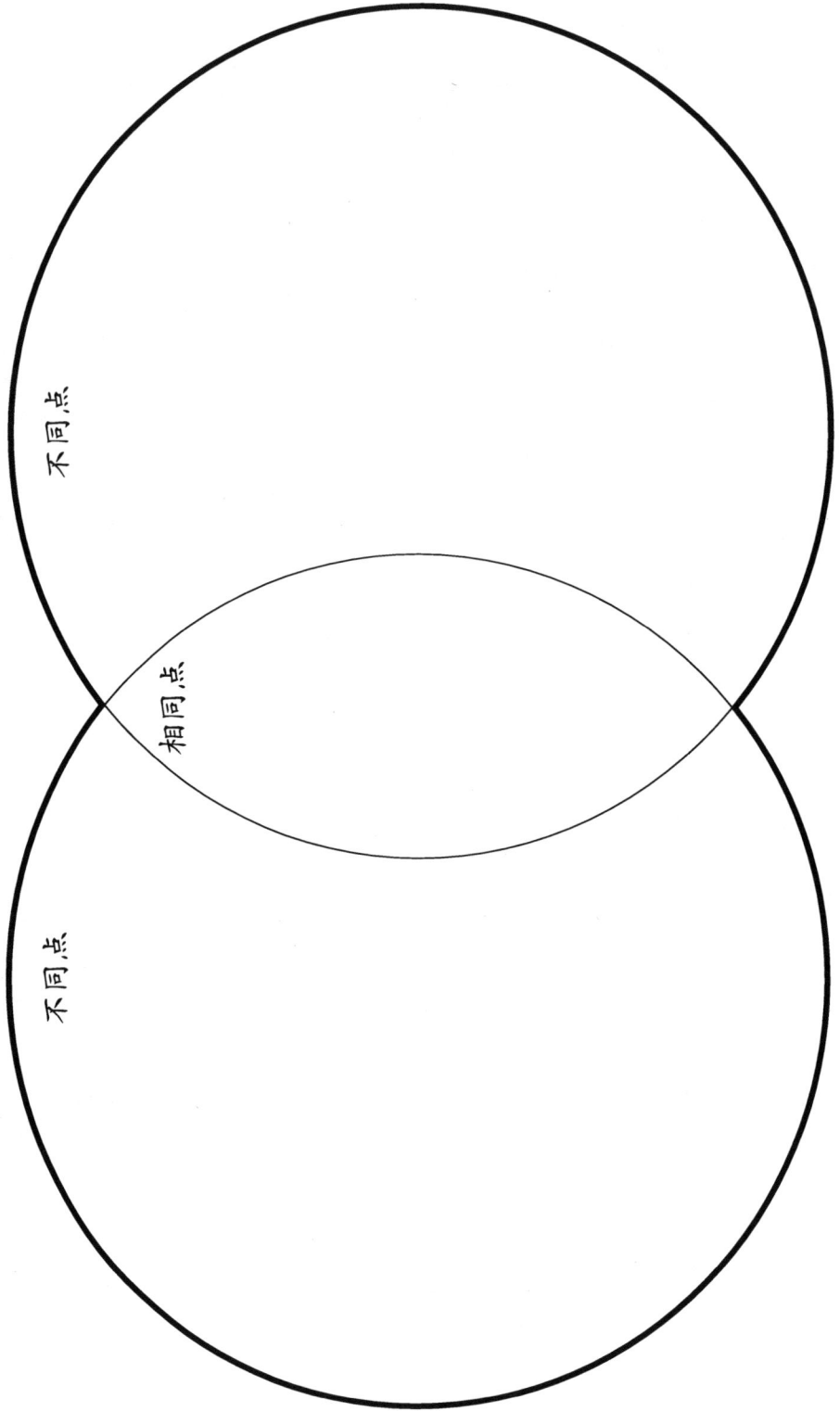

不同点

相同点

不同点

总结复习：岩石

回答问题：把对的答案圈出来。（老师读题）

1. 黄山在哪里？
   A. 美国　　　　　　　　B. 中国　　　　　　　　C. 日本

2. 大峡谷在哪里？
   A. 中国　　　　　　　　B. 英国　　　　　　　　C. 美国

3. 岩石是 _____。
   A. 固体　　　　　　　　B. 液体　　　　　　　　C. 气体

4. 哪种石头摸起来圆圆的，很光滑，大小像爆米花一样？
   A. 大石块儿　　　　　　B. 大卵石　　　　　　　C. 小卵石

5. 哪种石头摸起来很粗糙，有尖尖的角？
   A. 砾石　　　　　　　　B. 大卵石　　　　　　　C. 小卵石

6. 摸起来很细、很软，躺上去很舒服，常常在海边看到的是什么？
   A. 砾石　　　　　　　　B. 大卵石　　　　　　　C. 沙

7. 人们常拿来做成碗、杯子、锅、罐子等物品的是哪一种土？
   A. 泥土　　　　　　　　B. 陶土　　　　　　　　C. 沙土

8. 研究地球的科学家是 _____。
   A. 医生　　　　　　　　B. 工程师　　　　　　　C. 地质学家

9. 哪一种物质一碰水就会散开？
   A. 土　　　　　　　　　B. 沙　　　　　　　　　C. 陶土

10. 落基山脉的山体都是由 _____ 组成的。
    A. 岩石　　　　　　　　B. 砾石　　　　　　　　C. 卵石

第二单元 矿石和化石

🎓 **教学目标 | Objectives**

1. 了解矿石是地球表面自然形成的化学物质。

2. 学习每种矿石的特性和用途。

3. 了解化石是古代生物的遗迹。

4. 了解化石的重要性，即可以帮助我们了解古代的历史文明。

🎓 **教学重点与难点 | Essential Questions**

1. 矿石和化石是如何形成的？

2. 我们为什么要研究化石？

🎓 **生词 | Vocabulary**

矿石	含有有用矿物并有开采价值的岩石。
矿物	天然存在的固体物质，具有确定的化学组成和晶体结构，是组成岩石和矿石的基本单位。
矿物质	是地壳中自然存在的化合物或天然元素。又称无机盐，是人体内无机物的总称。
化石	保存在地层中的古老生物的遗骸或遗迹。
地壳	是地球的最外层，由坚硬的岩石组成。
岩浆	地壳下面的高温熔融物质，呈液体状态。
煤	可做燃料的黑色或棕黑色矿石。
石油	是由古代海洋生物遗体形成的化石燃料。

句型一 | Sentence Pattern 1

……常常……

▸ 一种矿<u>常常</u>集合了几种不同的物质。

▸ 人们<u>常常</u>用陶土做碗、杯子、锅和罐子。

句型二 | Sentence Pattern 2

……，比如：……

▸ 科学家用化学式来表示矿的成分，<u>比如</u>：盐是NaCl。

▸ 很多建筑都是用大块儿的岩石建造的，<u>比如</u>：金字塔。

句型三 | Sentence Pattern 3

直到今天，……还……

▸ 科学家发现在地球的表面，可以找到四千多种不同的矿，<u>直到今天</u>，人们<u>还</u>在不停地发现新矿。

▸ 马克老先生不喜欢新奇的东西，<u>直到今天</u>，他<u>还</u>不会用手机。

预备材料 | Materials Needed

教学课件（幻灯片或其他电子课件）		
学生用书		课前准备
生词卡片		活动材料
课堂活动练习纸	活动页： 活动页2-1：矿石比一比 活动页2-2：矿石和岩石 活动页2-3：矿石的用途 活动页2-4：我的小书 —— 化石	科学活动记录： 科学活动记录2-1：观察、辨别不同的矿石 科学活动记录2-2：制作化石

课堂活动练习纸	活动页2-5：地壳岩浆	
	活动页2-6：岩石的循环变化	
	活动页2-7：梦中的化石	
	活动页2-8：找生词	**总结复习：矿石和化石**
视频短片	**建议在YouTube上搜索以下关键词查找相关视频：** 1. *What Is a Mineral?* 2. *Rocks and Minerals* 3. *Fossil Rock Anthem* 4. *Fossils for Kids*	
参考图书	1. *National Geographic Readers: Rocks and Minerals* by Kathleen Weidner Zoehfeld 2. *My Book of Rocks and Minerals* by Devin Dennie 3. *Rocks and Minerals* by Edward R. Ricciuti 4. *Rocks, Gems and Minerals for Kids: Facts, Photos and Fun / Children's Rock & Mineral* by Baby Professor	

🔊 **背景资料 | Background Information**

我们身边到处可以看见岩石和矿石。岩石是由天然的、无生命的矿物质组成的。矿石是含有有用矿物并有开采价值的岩石。有些矿石很普遍，像煤矿、铁矿；有些矿石很稀少，如钻石。

当火山爆发时，滚热的岩浆冲出地表，会形成许多矿物质，它们冷却后就固化成固体。地球深处的热量和压力也会产生矿物质。另外，有些矿物质是在水的帮助下形成的。被岩浆加热的水中含有溶解的矿物质。随着水冷却，矿物质析出并形成晶体。还有些矿物质会通过海水蒸发而形成，如食盐。

科学家通常会通过颜色（color）、条纹（streak）、亮度（luster）、硬度（hardness）和切割面（cleavage）等属性来识别不同的矿物。有些矿物只有单一的颜色，如金、银；但有些矿物具有许多不同的颜色，如石英。因此，科学家需要用其他附加属性来识别它们。

有时，科学家会应用矿物的其他特殊性质，如磁体矿具有磁性，钻石在紫外线下会发光等。

我们可以通过多种方式开发利用岩石和矿石。鼓励孩子们思考他们在哪里可以找到岩石以及如何使用它们。用于建造建筑物的钢铁是由一种铁矿石提炼而成；厨房里的料理台可能由花岗岩制成；建筑用砖是通过混合、压缩岩石和矿物制成的，通常是沙、黏土加上石灰石；人行道是由混凝土制成的，混凝土是碎石和石灰石的混合物；陶器和瓷器也都是由岩石和矿物制成的。

　　人和动物从食物中获取矿物质，如钙和磷。牛奶和绿色蔬菜中含有的矿物质，帮助我们保持骨骼的健康。许多水果和蔬菜都是钾、镁和其他矿物质的主要来源。盐也包含着我们身体所需的多种矿物质。

　　化石是存留在岩石中的古生物遗体、遗物或生活痕迹，像恐龙、植物或昆虫和贝壳等。这些古生物遗迹埋藏在地下，经过很久远的时间，慢慢与石头结合在一起，形成化石。通过研究化石我们可以了解生物的演化并确定地层的年代。

　　石油（petroleum）是古代海洋生物遗体形成的化石燃料。数百万年前，藻类和植物生活在浅海。它们死亡后沉入海底，有机物与其他沉积物混合并被埋藏。最后，经过漫长的时间变成了石油。

可登录下列网址了解更多岩石和矿石的知识。

https://jr.brainpop.com/science/land/rocksandminerals/

https://study.com/academy/lesson/mineral-lesson-for-kids-definition-facts.html

第1课时（30分钟）

课前准备 | Preparation Before Class

老师准备一些矿石样本。

教学活动 | Activities

1. 让学生围坐在地毯上，展示一些矿石样本（花岗岩、云母、石英、黄铁矿、铁、煤、磁铁等实物）。告诉学生：有一些矿石，如黄金和铜几乎全部由一种化学元素组成，而大部分矿石都是由不同矿物的混合物组成。地质学家为了要确定矿石中的各种矿物质，会使用不同的技术来识别。例如：他们通过纹理、形状、颜色和气味等属性来识别矿石。人们会利用矿石不同的属性来制造不同的产品。老师进行归纳

总结:

> - 矿石是地球表面自然形成的物质,里面含有矿物质。
>
> - 每一种矿石都有它的特性和用途。
>
> - 矿物质是化学物质。
>
> - 每一种矿物质都有化学式,比如:盐是NaCl,金是Au,铜是Cu等。

2. 播放关于"矿石"的视频短片,建议在YouTube上搜索关键词"*What Is a Mineral?*"。讨论视频内容,并提问:

> - 岩石和矿石有什么区别?
>
> - 如何分辨不同的矿石?
>
> - 家里或学校常见的矿石有哪些?

3. 课文导读:用幻灯片呈现第2页的课文,开展阅读活动。强调句型一(……常常……)和句型二(……,比如:……)的用法。先让学生熟悉课文的例句,再鼓励他们自己造句,老师最后给予点评和奖励。另外,说明矿石是含有有用矿物并有开采价值的岩石,每一种矿物质都有化学式,比如:盐是NaCl,金是Au,铜是Cu等。组织学生学习第3页,开展阅读活动,加强练习句型三(直到今天,……还……)。先练习课文例句,再鼓励学生造句。

4. 科学活动一:观察、辨别不同的矿石。

活动目标
◆ 帮助学生了解矿石的基本属性。

活动材料

◆　矿石样本包：花岗岩、云母、石英、黄铁矿、铁、煤、磁铁

◆　科学活动记录2-1

◆　测量工具：软尺、天平秤和砝码

◆　实验用具：放大镜、吸管或药水滴管、盘子、黄色颜料、砂纸、塑料片、无釉白瓷片、杯子、铅笔、彩色笔

步　骤

（1）把学生分成4—5人的小组，让每组学生领取一包矿石样本及记录表"观察、辨别不同的矿石"（☆见科学活动记录2-1，第52—53页）。

（2）每个人担任不同的角色：记录员、测量员、检查员、观察员。每观察完一块矿石，大家交换角色。

（3）老师指导学生按照以下步骤完成任务。用软尺测量矿石，量出长（直径）、宽、高及周长，并用铅笔记录（完成第1—4题）。

（4）用放大镜观察矿石的颜色、纹理和光泽，并填写观察结果（完成第5—7题）。

（5）把矿石放在天平秤上用秤码测量出重量，并记录（完成第8题）。

（6）用滴管吸取放在盘子里的黄色颜料并滴在矿石上，看一看颜料是否改变了矿石的颜色，观察矿石的变化并记录（完成第9题）。

（7）用砂纸在矿石表面小心地摩擦，观察结果并记录（完成第10题）。

（8）用塑料片在矿石上轻轻地刻画，观察是否每次都会刻出同样的深度，并记录结果（完成第11题）。

（9）用白瓷片在矿石上轻轻划，看一看矿石的粉末是不是遗留在白瓷片上面，观察结果并记录（完成第12题）。

（10）把矿石放入盛水的杯子里，看一看矿石有没有在水里分散开，观察结果并记录（完成第13题）。

（11）让学生用放大镜仔细观察石头的纹理，并且按照矿石比例大小，把它画在活动记录的大方框里（第53页），并涂色。

（12）每个小组汇报实验结果，讨论实验记录，并且复习今天学习的新知识。

（13）活动总结：地球表层有各种各样的岩石。每一种岩石都是由一种或多种矿物质组成。科学家发现地球上有四千多种不同的矿石，有的矿石很普遍，例如煤矿、铁矿；有的矿石很稀少，像钻石或玉石。提问：

- 科学家用哪些方法来分辨不同的矿石？
- 你们知道水的化学式是什么吗？盐的化学式是什么？
- 你们在家里或学校经常见到哪些矿石？（☛参考答案：水晶、花岗石、铁、玉等。）

第1课时小结

⇝ 矿石是地球表面自然形成的物质，里面含有矿物质。

⇝ 每一种矿石都有它的特性和用途。

第2课时（30分钟）

课前准备 │ Preparation Before Class

老师准备一些矿石及岩石样本。

教学活动 │ Activities

1. 复习上一课时学习的关于矿石的基本知识，问学生：是否记得学过的矿物的名称？有谁可以描述矿石是如何形成的？引导学生观察学生用书第4—6页的图片，问学生：有谁能指认这些石头都是什么？然后，拿出生词卡片介绍花岗石、玄武石、玉石、水晶、铁和金矿等生词。先让学生比较一下第4页花岗石和玉石的差异（☛参考答案：前者粗糙，后者

光滑；前者彩色，后者单色），再让学生比较第6页的水晶和铁矿（☛参考答案：水晶光亮，铁暗沉等）。提醒学生从矿石表面颜色、亮度、硬度等方面去观察、描述、讨论。鼓励学生发言。

2. 练习：矿石比一比（✿见活动页2-1，第42页）。学生在小组讨论后将观察的结果记录在活动页上。老师巡查并提供协助。练习完成后，老师随机向每个小组提问，例如：你觉得水晶是什么颜色的？它亮不亮？硬不硬？表面光滑还是粗糙？重复用这种方式向不同的学生提问，直到大多数学生都能掌握这些新概念后，让学生和同伴配对互相练习问答。

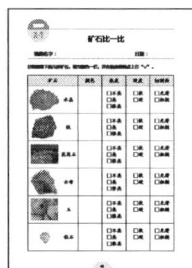

3. 练习：矿石和岩石（✿见活动页2-2，第43页）。学生在老师的协助下选择一块矿石和一块岩石做比较。提醒学生通过用眼睛看，用手摸、敲，用指甲划，用鼻子闻等方法去比较两种石头的颜色、纹理、硬度、重量等。学生完成练习以后，老师指定几个学生到台上进行分享，随后让每个学生与自己的同伴讨论活动页上的内容。

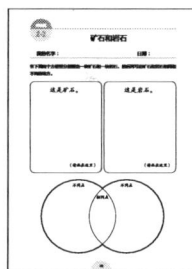

4. 课文导读：老师领读第5—6页的课文。强调每一种矿石都有自己的特点，因此会有不同的用途。例如：玄武岩是一种非常坚硬的矿石，所以人们通常用它来盖房子；煤矿埋在地底下，产量多、成本低，所以被广泛当作燃料；水晶光亮多彩，常被做成装饰品或吊灯；有些矿石产量稀少，像钻石或玉石，所以被做成珍贵的珠宝。提问：

- 除了刚才提到的矿石之外，你们还知道哪些矿石被做成了什么物品？

鼓励学生和同伴讨论，并积极发言。老师给予点评和奖励。

5. 播放关于"矿石"的视频短片，建议在YouTube上搜索关键词"*Rocks and Minerals*"。讨论视频内容。提问：

- 岩石和矿石有什么区别？
- 矿石有什么用途？

鼓励学生发言，并引导学生思考：日常生活中看到的哪些东西是用矿石做的？

6. 练习：矿石的用途（☼见活动页2-3，第44—45页）。指导学生辨别左栏中的矿石，同时了解右栏中矿石的用途。老师提问：

- 花岗石可以做什么？
- 石英可以做什么？
- 铁可以做什么？
- 煤可以做什么？

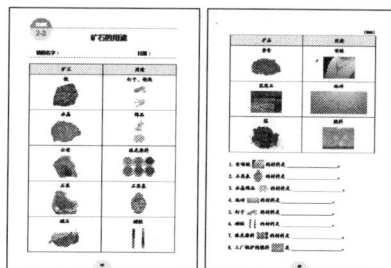

然后，让学生根据刚才学习的新知识独立作答，在每一个空格内填上矿物的名称。当学生完成练习后，老师公布答案，让学生们互相检查，并引导全班讨论。（☞参考答案：1. 黄金 2. 石英 3. 水晶 4. 花岗石 5. 铁 6. 磁石、铁 7. 云母 8. 煤）

7. 总结：每一种矿石都有自己的特点。所以科学家根据矿石的属性，例如形状、大小、颜色、亮度、硬度等特点来区分各种矿石。老师提问：

- 盖房子要用什么矿石？
- 制造汽车要用什么矿石？
- 做钟表要用什么矿石？
- 做珠宝要用什么矿石？

第2课时小结

▸▸ 矿石是地球表面自然形成的物质，里面含有矿物质。

▸▸ 每种矿石都有它的特性和用途。

▸▸ 不同的矿石可以用科学的方法来区分，例如观察亮度、硬度、切割面等。

第3课时（30分钟）

课前准备 | **Preparation Before Class**

老师准备几个化石标本、一个订书机，请学生带上手工剪刀。

教学活动｜Activities

1. 复习上一课时学习的"矿石的种类""如何区分各种矿石""矿石的用途"等知识。然后，说明今天要学习的内容和矿石差不多，但是是一种比矿石还要古老的东西。

2. 老师展示手上的化石标本并让学生传看，提问：

    > - 你们看得出来这是什么吗？（学生可能回答：叶子、蚂蚁、蚊子等。）

    老师介绍生词"化石"，并解释化石是从古老的动物和植物演变来的。由于地震、火山爆发或暴风雪等原因，这些动物或植物被埋在土里面，经过很长很长的时间，它们与岩石紧密结合在一起，在石头上我们还可以看出它们的样子，这就叫做"化石"。

3. 播放关于"化石"的视频，建议在YouTube上搜索关键词"*Fossil Rock Anthem*""*Fossils for Kids*"。看完后，请学生互相讨论：

    > - 什么是化石？
    > - 化石是怎么形成的？
    > - 在化石上可以看到什么？
    > - 哪里可以找到化石？
    > - 为什么要研究化石？

4. 课文导读：用幻灯片呈现第7页的课文，老师指着课文一个字一个字地让学生大声跟读，多重复几遍。同时引导学生把左边动物、植物的图片与右边的化石图片进行比较，看看有什么不一样的地方？（☞参考答案：由于地震、火山爆发或暴风雪等原因，生物被埋在土里，并经过几千万年的沉积，慢慢和石头结合在一起，形成化石。）接着继续领读第8页的课文。让学生仔细观察图片上的化石以及生物的遗迹，并且请学生猜一猜化石上的生

物是什么？（☞参考答案：恐龙、鱼、花、树叶。）同时让学生把恐龙、树叶的图片与化石中的恐龙、树叶进行对比，看看有什么不同？

5. 科学活动二：制作化石。

活动目标

◆ 帮助学生了解化石的形成和研究价值。

活动材料

◆ 科学活动记录2-2
◆ 实验用具：纸盘、熟石膏（plaster of paris）、学生自备物品（树叶、小树枝、贝壳等）

步　　骤

（1）给每个学生分发一个纸盘。

（2）让学生把熟石膏放在纸盘上。

（3）学生把准备好的树叶等自然物品放入熟石膏中。

（4）提醒学生在熟石膏干燥硬化之前不要碰触它。等物体在熟石膏上成形后，小心地将其从熟石膏上摘除。

（5）分发"制作化石"（☼见科学活动记录2-2，第54—55页）。让学生记录上述活动步骤，并预测制作结果（第54页）。例如，预测物体形态会完全呈现、部分呈现或不会呈现；设想物体的哪些部分会清楚些，哪些部分会模糊些，并说明理由。

（6）等化石制作完成后，让学生把化石的轮廓画在方框里（第55页）。

（7）让学生仔细观察并记录化石的长度和宽度。

（8）记录化石制作完成后的感想，并说出制作的化石和预测的结果有什么相同与不同之处。

（9）在化石边缘或背面写上名字，然后由老师收集起来，在教室内或走廊里展览，供大家欣赏。

6. 练习：我的小书 —— 化石（✿见活动页2-4，第46—47页）。老师带领学生制作小书：把活动页沿虚线剪下来，按数字顺序排好，订成小书。学生先在封面上写上名字，并能认出小书的书名"化石"。然后老师带领全班朗读每一页的句子。学生一个字一个字地大声跟读。老师特别强调句子里画线的生词（生物、植物、恐龙、昆虫、山上、水里、森林中、石头里），解释"几千万年前"和"生物"两个词的意义。让学生重复朗读几次，等学生对句子内容理解以后，让学生根据句子的意思画出相应的插图。绘图完毕后，让学生和同伴互相讨论并分享自己的小书。

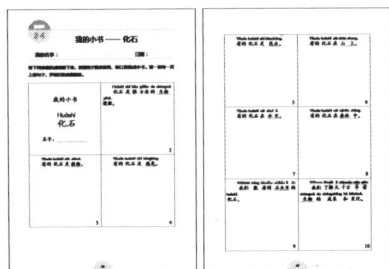

7. 朗读小书：学生互相分享自己制作的小书后，老师邀请学生自愿到教室前面朗读自己的小书并给全班同学展示书里的插图。最后老师把学生作品收集起来，陈列在教室里面或走廊的布告栏供大家欣赏。

8. 总结：古老的生物被埋在地底下，经过很长很长的时间，慢慢与石头紧紧结合在一起，成为化石。教师检测学习成果，提出以下问题：

- 化石是什么？
- 矿石和化石有什么相同和不同的地方？
- 在化石中会看到什么？

第3课时小结

� 古代的动物、植物被埋在地底下，经过几千万年的沉积，慢慢和石头结合在一起，形成化石。
➤ 这些古代生物变成化石后，它们的形体会遗留在石头上。

第4课时（30分钟）

课前准备 | Preparation Before Class

老师准备一个地球仪。

教学活动 | Activities

1. 复习上一课时学习的关于化石的基本知识。老师随意点名让学生回答问题：什么是化石？化石和矿石有什么不同？化石是怎么形成的？化石的形成需要多长时间？在化石中可以看到什么？接着说明今天要学习的内容是：在哪里可以找到化石？地球的变动对岩石会产生什么影响？

2. 观察地球仪：学生围坐在地毯上，老师指着地球仪请学生描述在地球上可以看到什么自然资源？（☞参考答案：海洋、森林、湖泊、岩石等。）提问：

   - 这些自然资源会不会改变？
   - 什么原因会造成自然资源改变？
   - 为什么会发生火山爆发？

3. 翻到学生用书第10—11页，让学生观察并描述左右两张图片，说一说黄色和红色的东西是什么。老师解释地球里面温度很高，流淌着很热的岩浆。如果地壳震动太激烈，就会发生火山爆发，岩浆就会冲出来，把地面上的动物、植物和其他生物都烧死。

4. 课文导读：用幻灯片呈现第9页的课文，开展阅读活动。读完课文，让学生想一想，煤矿是怎么产生的？（☞参考答案：树林被埋在地底下经过很长的时间变成了煤矿。）接着，用同样方式领读第10—11页。一边读课文，一边对照书上的图片。

5. 练习：地壳岩浆（☼见活动页2-5，第48页）。引导学生在空格里填入适当的词语，并且给图片涂色。

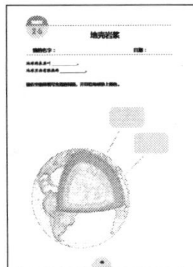

6. 课文导读：用幻灯片呈现第12页的课文，开展阅读活动。接着继续领读第13—14页的课文。一边读课文，一边对照书上的图片，提问：

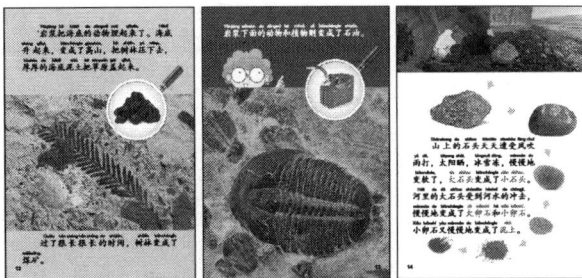

   - 岩浆把动物和植物埋在地下，最后变成了什么？
   - 气候的变化对石头有什么影响？

7. 练习：岩石的循环变化（☼见活动页2-6，第49页）。老师带领学生复习活动页上的词语，然后让学生独立完成练习。老师检查并提供帮助。

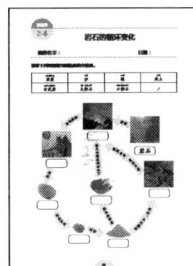

8. 复习学生用书第2—14页的课文及第15页的词汇。让学生独立完成第16页的练习。

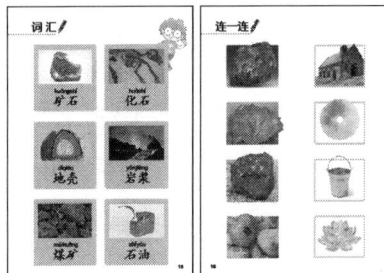

9. 练习：梦中的化石（✿见活动页2-7，第50页）。学生根据新学到的化石的知识来设计自己喜欢的化石图样，并用三个句子简单地描述自己的化石。

参考答案

- 我的化石是恐龙／植物／昆虫。
- 我的化石在山上／水里／森林中。
- 我的化石已经有几千万年／几亿年的历史了。

10. 复习检测：带领学生复习学生用书第2—14页上的课文。随后分发"总结复习：矿石和化石"（✿见练习纸，第56页）。老师读题，学生听完题目后把正确的答案圈出来。

第4课时小结

- ➧ 地底下的生物经过很长的时间，慢慢形成类似石头的物体，称为化石。
- ➧ 从化石中我们可以看到几千万年前恐龙的样子，也可以看到有什么样的植物。
- ➧ 在山上、水里、树林中可以找到化石。
- ➧ 化石研究可以帮助我们了解古代的历史文明。

延展活动｜Extended Activities

1. 字谜：找生词

   老师分发"找生词"（✿见活动页2-8，第51页）。请学生们在表格中找到词库里的生词，并画上圆圈。

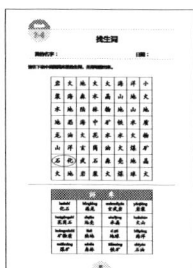

字谜　参考答案

2. 组织学生去自然历史博物馆参观，了解更多矿石与化石的知识。

我会 | I Can

☐ 我知道矿石是地球表面自然形成的物质，里面含有矿物质。

☐ 我了解每一种矿石都有它的特性和用途。

☐ 我知道化石是古代生物的遗迹。

☐ 我了解化石研究可以帮助我们了解古代的历史文明。

学生科学笔记问题（家庭作业） | Student Journal (Homework)

1. Can you find as many minerals as possible in your home?

2. Can you name three favorite minerals and explain why?

3. Can you describe how the weather changes the rocks and minerals?

4. Can you describe how the fossils are formed?

5. Why is studying fossils important?

6. What would happen if there are no rocks and minerals in the world?

矿石比一比

我的名字：   **日期：**

仔细观察下面几种矿石，填写颜色一栏，并在相应的特点上打"√"。

矿石	颜色	亮度	硬度	切割面
水晶		□不亮 □亮 □很亮	□软 □硬	□光滑 □粗糙
铁		□不亮 □亮 □很亮	□软 □硬	□光滑 □粗糙
花岗石		□不亮 □亮 □很亮	□软 □硬	□光滑 □粗糙
云母		□不亮 □亮 □很亮	□软 □硬	□光滑 □粗糙
玉		□不亮 □亮 □很亮	□软 □硬	□光滑 □粗糙
钻石		□不亮 □亮 □很亮	□软 □硬	□光滑 □粗糙

矿石和岩石

我的名字：　　　　　　　　　　　　　　　　　**日期：**

在下面两个方框里分别画出一块矿石和一块岩石，然后再写出矿石和岩石相同和不同的地方。

这是矿石。 （请画在这里）	这是岩石。 （请画在这里）

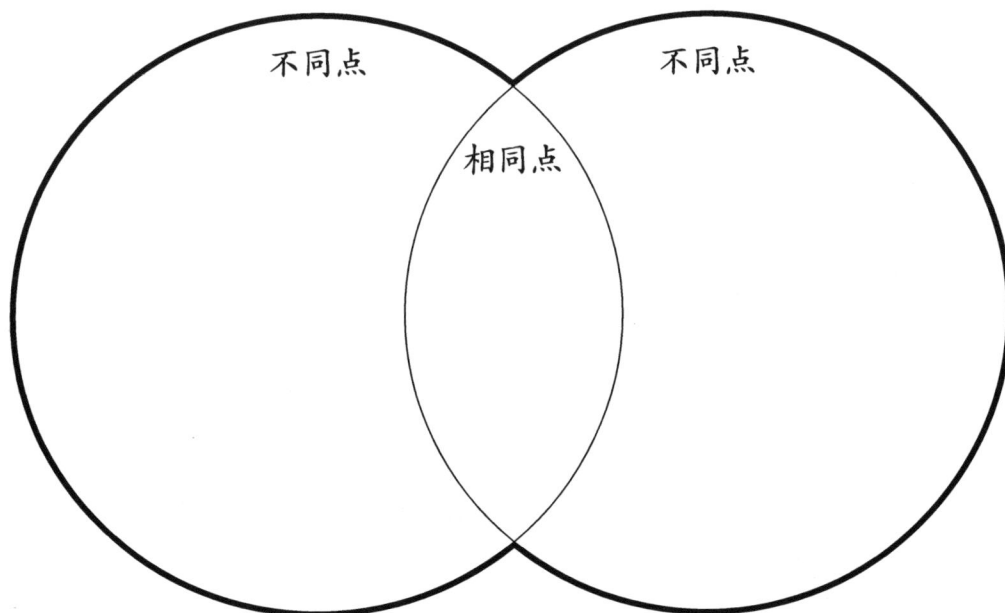

不同点　　　　　　　　不同点

相同点

矿石的用途

我的名字：   日期：

矿石	用途
铁	钉子、钥匙
水晶	饰品
云母	珠光染料
石英	石英表
磁石	磁铁

矿石	用途
黄金	项链
花岗石	地砖
煤	燃料

1. 金项链 的材料是 _____。

2. 石英表 的材料是 _____。

3. 水晶饰品 的材料是 _____。

4. 地砖 的材料是 _____。

5. 钉子 的材料是 _____。

6. 磁铁 的材料是 _____。

7. 珠光染料 的材料是 _____。

8. 工厂锅炉的燃料 是 _____。

我的小书 —— 化石

我的名字：　　　　　　　　　　　　　　　　**日期：**

将下列表格沿虚线剪下来，按照数字顺序排列，装订后做成小书。读一读每一页上的句子，并画出相应的插图。

我的小书 Huàshí **化石** 名字：＿＿＿＿＿	Huàshí shì hěn gǔlǎo de shēngwù 化石 是 很 古老 的 <u>生物</u> yíhái. 遗骸。 2
Yǒude huàshí shì zhíwù. 有的 化石 是 <u>植物</u>。 3	Yǒude huàshí shì kǒnglóng. 有的 化石 是 <u>恐龙</u>。 4

Yǒude huàshí shì kūnchóng.
有的 化石 是 <u>昆虫</u>。

5

Yǒude huàshí zài shān shang.
有的 化石 在 <u>山 上</u>。

6

Yǒude huàshí zài shuǐ li.
有的 化石 在 <u>水里</u>。

7

Yǒude huàshí zài sēnlín zhōng.
有的 化石 在 <u>森林 中</u>。

8

Wǒmen néng kàndào shítóu li de
我们 能 看到 <u>石头里</u> 的
huàshí.
化石。

9

Wǒmen liáojiě jǐ qiānwàn nián qián
我们 了解 几 千万 年 前
shēngwù de chéngzhǎng hé biànhuà.
<u>生物</u> 的 成长 和 变化。

10

地壳岩浆

我的名字：　　　　　　　　　　　　　　　**日期：**

地球的表层叫 ＿＿＿＿＿＿＿＿ 。

地球里面有很热的 ＿＿＿＿＿＿＿＿ 。

请在空格里填写合适的词语，并且给地球涂上颜色。

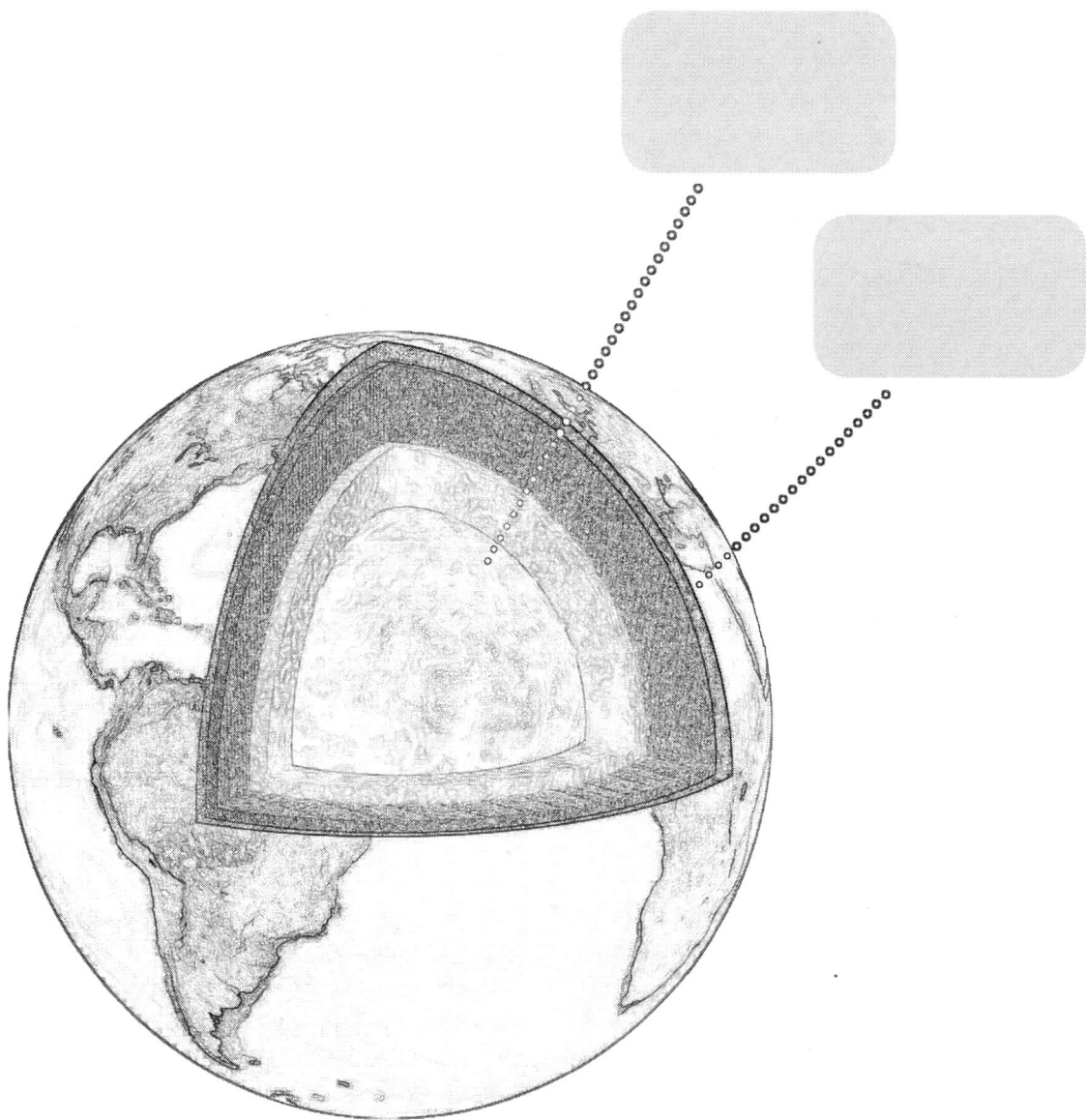

岩石的循环变化

我的名字： 日期：

请将下列词语填写到相应的空格里。

yánjiāng 岩浆	shā 沙	méi 煤	nítǔ 泥土
xuánwǔyán 玄武岩	dà luǎnshí 大卵石	xiǎo luǎnshí 小卵石	/

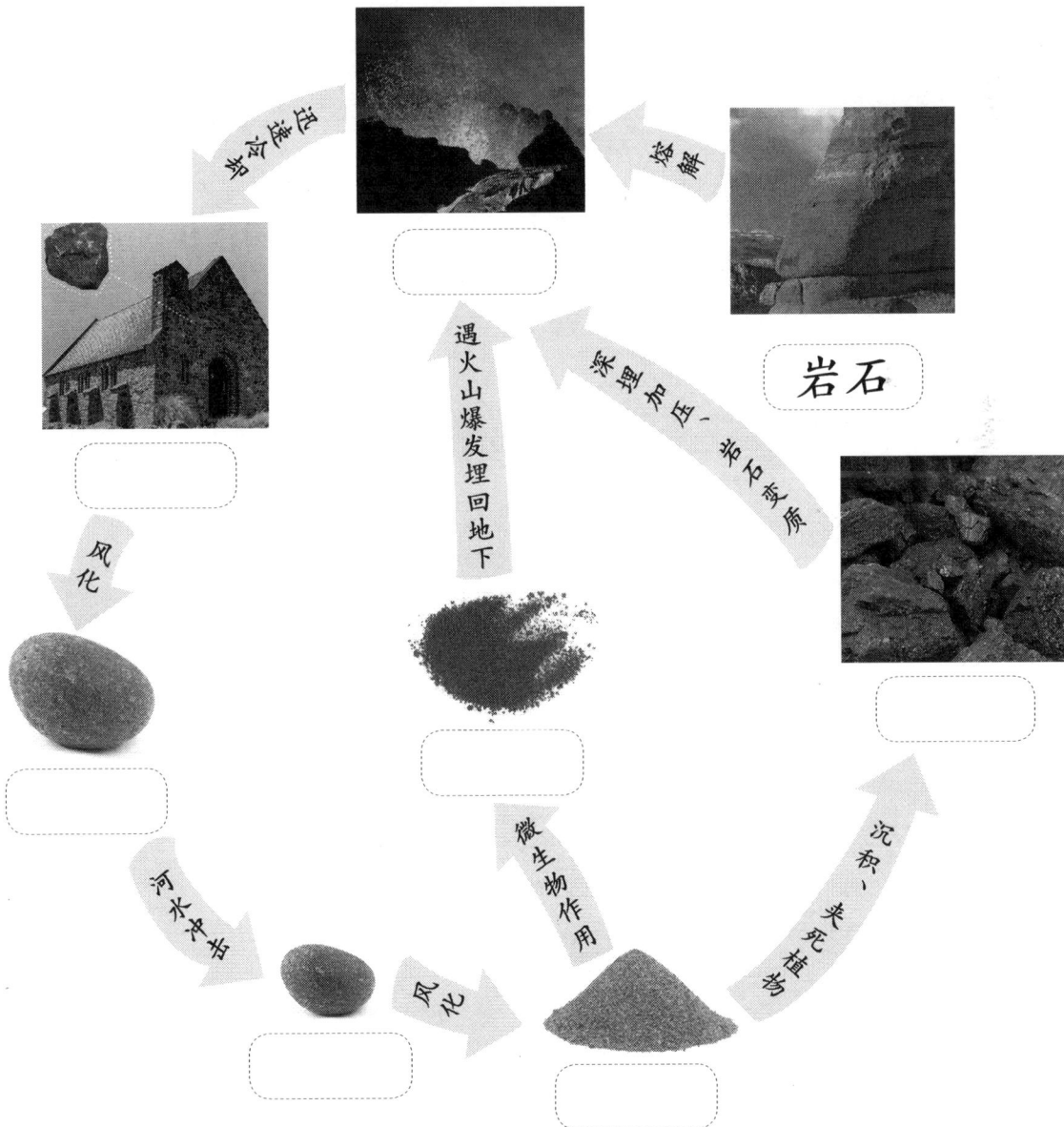

梦中的化石

我的名字： 日期：

请画出你喜欢的化石，并用下面的三句话进行描述。

（请画在这里）

1. 我的化石是 _____。（恐龙／植物／昆虫）

2. 它在 _____。（山上／水里／森林中）

3. 它已经 _____ 岁了。

找生词

我的名字： 日期：

请在下表中找到词库里的生词，并用笔圈出来。

岩	火	地	火	大	海	洋	小
浆	海	森	水	晶	山	地	火
水	地	陆	林	物	地	山	地
地	恐	海	中	矿	铁	水	质
龙	油	火	花	水	水	火	物
山	洋	玄	岗	油	火	煤	矿
石	化	武	石	森	壳	地	晶
火	地	岩	浆	火	煤	球	火

词 库			
huàshí 化石	kǒnglóng 恐龙	xuánwǔyán 玄武岩	yánjiāng 岩浆
huāgǎngshí 花岗石	dìqiào 地壳	shuǐjīng 水晶	huǒshān 火山
kuàngwùzhì 矿物质	lùdì 陆地	dìqiú 地球	hǎiyáng 海洋
méikuàng 煤矿	sēnlín 森林	tiěkuàng 铁矿	shíyóu 石油

2-1 观察、辨别不同的矿石

我的名字： _____ **日期：** _____

1. 长：_____ 厘米

2. 宽：_____ 厘米

3. 高：_____ 厘米

4. 周长：_____ 厘米

5. 颜色：_____ 色

6. 纹理：_____（有／没有）

7. 光泽：_____（亮／不亮）

8. 重量：_____ 克

9. 把黄色颜料滴在矿石上的结果：（染黄了矿石／没有染黄矿石）

_____。

10. 用砂纸小心地在矿石表面摩擦的结果：（光亮／粗糙）

_____。

11. 用塑料片在矿石上轻轻刻画的结果：（留下的痕迹是／不是同样的深度）

_____。

12. 用白瓷片在矿石上轻轻划的结果：（有痕迹／没有痕迹）

_____。

13. 把矿石放在水里的结果：（矿石散开了／矿石没有散开）

_____。

这是我的矿石

（请画在这里）

2-2

制作化石

我的名字：   日期：

我制作的化石是 _____。（名称）

开始，我 _____。

然后，我 _____。

我预测我制作的化石是这样的……

（请画在这里）

完成后的化石是这样的……

（请画在这里）

长：_____ 厘米   宽：_____ 厘米

我制作的化石 _____（用形容词描述）。

我制作的化石和原先预测的一样／不一样，因为……

_____

_____

_____

总结复习：矿石和化石

回答问题：把对的答案圈出来。（老师读题）

1. 矿石是一种 _____。
    A. 液体   B. 固体   C. 气体

2. 科学家用什么方式来表示矿物质？
    A. 化学式   B. 颜色   C. 重量

3. 可以拿来作燃料的是 _____。

    A. 铁   B. 花岗石   C. 煤

4. 因为光亮美丽，常常做成精美装饰品或吊灯的是 _____。
    A. 石英   B. 水晶   C. 煤

5. 从哪种石头上可以看到古代生物的样子？
    A. 岩石   B. 矿石   C. 化石

6. 地底下有很热的物质在流动，这种物质是什么？
    A. 石油   B. 岩浆   C. 煤矿

7. 岩浆下面的动物和植物后来都变成了什么？
    A. 石油   B. 化石   C. 玄武岩

8. 火山爆发时冲出来的物质是什么？
    A. 石油   B. 地壳   C. 岩浆

9. 下面哪一种矿石是黑色的？
    A. 云母   B. 煤   C. 花岗石

土 壤

🚗 教学目标 | Objectives

1. 了解什么是土壤。

2. 了解土壤形成的过程。

3. 了解土壤的重要性。

🚗 教学重点与难点 | Essential Questions

1. 土壤是什么？不同的人有不同的答案。

2. 土壤是如何形成的？

🚗 生词 | Vocabulary

土壤	陆地表层疏松、肥沃、能生长植物的泥土。
腐殖质	已经死亡的动物或植物在土壤中慢慢地分解转化成的黑褐色有机体，能增加肥力和改良土壤。
有机物	动物或植物腐烂后形成，主要含有碳、氢两种元素。
风化	地球表面的岩石在日光、大气、水和生物等长期作用下发生破坏或分解。
放大镜	是一种凸透镜，可以用来获得放大的视觉效果。
纱网	韧性好，耐腐蚀。科学实验常利用纱网过滤泥沙或其他物质。

句型一 | Sentence Pattern 1

……到底是什么呢？

» 土壤到底是什么呢？

» 矿石到底是什么呢？

句型二 | Sentence Pattern 2

如果……

» 如果仔细观察，在我们周围可以看到这些变化。

» 如果你生病了，就去看医生。

句型三 | Sentence Pattern 3

为什么……？因为……

» 为什么土壤是地球物质与生命之间的桥梁？因为植物在土壤里生长。

» 为什么苹果是一种水果？因为苹果有种子。

预备材料 | Materials Needed

教学课件（幻灯片或其他电子课件）	
学生用书	课前准备
生词卡片	活动材料
课堂活动练习纸 活动页： 活动页3-1：土壤KWL图表 活动页3-2：这是什么？ 活动页3-3：土壤有几层？ 活动页3-4：土壤的形成 活动页3-5：找生词 活动页3-6：填空	**科学活动记录：** 科学活动记录3-1：对比不同土壤的特性 科学活动记录3-2：渗水实验 科学活动记录3-3：土壤层次分析 **总结复习：土壤**

视频短片	建议在YouTube上搜索以下关键词查找相关视频： 1. *All About Soil* 2. *Soil Is a Living Organism* 3. *The Science of Soil Health — Changing the Way We Think About Soil Microbes* 4. *Soil Biology (Mcrofauna) — Terry Tellfson* 5. *Soil Formation for Kids* 6. *A Culture of Conversation — Don't Call It Dirt — A Passion for Soil*
参考图书	1.《这是我的书·松鼠的花》（第5级，250字） 2.《这是我的书·沙孩子和风爷爷》（第5级，250字） 3. *The Dirt on Dirt* by Paulette Bourgeoi 4. *Muddy Max: The Mystery of Marsh Creek* by Elizabeth Rusch

🎧 **背景资料** | **Background Information**

可登录下列网址学习和土壤相关的知识。

http://www.soils4kids.org/about

不同土壤特性的对比

	细土	沙土	腐殖质土
颗粒粗细	细粒多	粗粒多	粗细都有
黏性	大	小	中等
渗水量	少	多	中等
渗水速度	慢	快	中等
保持水分能力	大	小	中等
特点	通气、保水、保肥、湿时黏、干时硬	通气、易干燥、有机物质分解快、容易流失	通气、保水、保肥、适合耕种

课前准备 | Preparation Before Class

把细土、沙土、腐殖质土分别用透明袋装好。（注意：不要使用种花的土壤。）

教学活动 | Activities

1. 让学生观察学生用书的封面，问他们看到了什么。（☞参考答案：树、动物、土等。）然后再提问：

   - 土是什么颜色的？
   - 树根为什么长在土里面呢？
   - 土有什么作用呢？（☞参考答案：种花、种树、种蔬菜等。）

   把学生的回答记录在白板上KWL表格里的"What I Know"一栏。分发"土壤KWL图表"（☼见活动页3-1，第73页）。让学生把白板上的信息抄录在自己的活动页上。等学生完成后，老师展示一些土壤的样本和生词卡片，介绍生词"土壤"。老师讲解土壤这种物质：它在地球表层，松散、肥沃，可以帮助植物生长。今天我们要学习更多关于土壤的知识，例如：土壤是怎样形成的？土壤里含有哪些成分？土壤对植物生长有什么好处？

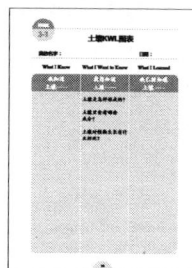

2. 播放关于"土壤"的视频短片，建议在YouTube上搜索关键词"*All About Soil*"。观看结束之后，提问：

   - 土壤是怎样形成的？（提示：岩石经过风吹、日晒、雨淋和气温冷热的影响后会断裂分解成小石块儿，然后会慢慢分解成砾石、沙和土。）
   - 土壤是什么颜色的？
   - 土壤里面含有哪些成分？
   - 土壤对植物生长有什么好处？

鼓励并引导学生发言。提示学生在本课结束之后，填写"土壤KWL表格"（☆见活动页3-1，第73页）"What I Learned"一栏。

3. 课文导读：翻开学生用书第2页，让学生运用刚学习的新知识描述书上的图片。老师引导发言，例如：农民手里拿的蔬菜和水果是怎么种出来的？它们和土壤有什么关系？接着开展阅读活动，并解释课文大意。

4. 课文导读：观察课文第3页左边的图片，说明地下的土壤有很多层次。最上面是最肥沃的土壤层，可以提供植物生长所需的养分；中间是砾石和沙；最下面是母岩，也就是一般矿石生成的原生岩石。接着开展阅读活动，并解释课文大意。

5. 科学活动一：对比不同土壤的特性。

活动目标

◆　了解土壤的属性和成分。

活动材料

◆　土壤样本：细土、沙土、腐殖质土
◆　科学活动记录3-1
◆　实验用具：放大镜、小铲子、夹子、纱网、纸盘

步　骤

（1）把学生分成三个小组。每一组桌上放一种土壤，分发放大镜、小铲子、夹子、纱网、纸盘各一个。每个小组轮流观察三个桌子上的土壤。

（2）分发"对比不同土壤的特性"（☆见科学活动记录3-1，第80页）。

（3）小组轮流观察三种土壤的颜色，并记录。

（4）让学生用放大镜、小铲子、夹子检查，观察不同的土壤里有哪些不同的东西（提示：树叶、树枝、沙、小石头、小虫子等），并把看到的东西记录下来。

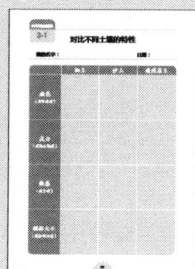

（5）再让学生用小铲子取少许土放在手里捏一捏、揉一揉，体会手上的感觉。是粗糙扎手，还是柔软舒适？把自己的感觉写下来。

（6）最后，请学生取少许土壤，放在纱网里，轻轻地在纸盘上方筛一筛。观察有没有土透过纱网漏下来落到纸盘上。如果有，观察不同土壤漏下来的多少，并把结果写下来。（提示：漏下去的是细土部分，没有漏下去的是较大的土块或沙石，以及小树枝、小草、小虫子等。）

6. 科学活动二：渗水实验。

活动目标

◆ 观察土壤保持水分的能力。

活动材料

◆ 土壤样本：细土、沙土、腐殖质土
◆ 科学活动记录3-2
◆ 测量工具：透明量杯、计时器
◆ 实验用具：水

步　骤

（1）取等量的不同的土壤放入不同的量杯内。

（2）取等量的水倒入每个量杯中。

（3）预测实验结果，即每一种土壤中水渗透到量杯底部的快慢。然后将这些预测填在"渗水实验"记录表内（☆见科学活动记录3-2，第81页）。

（4）观察水渗透的快慢，用计时器记录水全部渗透到量杯底部所需要的时间，并做好记录。

（5）总结实验结果。

（6）完成实验后，将预测结果与实际实验结果进行对比。

7. 科学活动三：土壤层次分析。

活动目标

◆ 观察土壤层次的分布。

活动材料

◆ 土壤样本：细土、沙土、腐殖质土
◆ 科学活动记录3-3
◆ 实验用具：量杯、三个试管、试管架、铅笔

步　骤

（1）用量杯分别取等量的不同种类的土壤放入不同的试管中。

（2）用量杯取等量的水倒入不同的试管里。

（3）把试管拿起来摇晃，等到土壤和水完全混合后，将试管插在试管架上静置。

（4）当土壤沉淀后，让学生观察土壤与水在试管里分布的情况。在"土壤层次分析"记录表（☆见科学活动记录3-3，第82页）上画出水和土壤颗粒的界限。

（5）总结实验结果，并填写"结论"。

第1课时小结

- ➤ 土壤是陆地表层疏松、肥沃、能生长植物的泥土。
- ➤ 土壤因成分不同呈现不同颜色，如深褐色、黑色、黄色等。
- ➤ 土壤是由腐殖质、沙、砾石、黏土和水组成的。
- ➤ 土壤分很多层，不同土壤保持水分的能力也不同。

第2课时（30分钟）

课前准备 | Preparation Before Class

老师根据学生用书第6页的图示，准备不同的土壤样本。

教学活动 | Activities

1. 复习在上一课时土壤的科学活动中所学到的知识，鼓励学生发言。引导学生思考：土壤是怎样形成的？土壤里到底有哪些成分呢？然后翻到学生用书第4—5页，老师带领全班开展阅读活动，并解释课文大意。

2. 播放和"土壤"相关的视频短片，建议在YouTube上搜索关键词"*Soil Is a Living Organism*""*The Science of Soil Health — Changing the Way We Think About Soil Microbes*""*Soil Biology (Mcrofauna) — Terry Tellfson*"。让学生注意观察视频里显微镜下的土壤。老师进行说明：土壤里存在着很多生物生长所需要的成分，植物通过根部吸收这些成分，从而得到生长所需要的营养。

3. 练习：这是什么？（☼见活动页3-2，第74页）让学生先观察并熟悉六个小图及名称。然后老师带领学生阅读句子1—6，让学生从上面的表格中选出适当的词语填入下面的空格里。

4. 课文导读：翻到学生用书第6页，让学生观察图片，老师解释生词"母岩、沙、泥土、沙质土、黏质土"的定义和区别，并展示土壤的样本（如果没有样本，就用图片代替）。然后带领全班开展阅读活动，并解释课文大意。

5. 练习：土壤有几层？（☼见活动页3-3，第75页）让学生参照学生用书第6页的示意图在活动页的空格里填入合适的词语。（☞参考答案：从上到下依次是腐殖质、泥土、沙、母岩。）

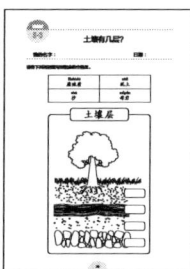

6. 课文导读：翻到学生用书第7页，让学生观察图片，并复习关于岩石形状的变化（提示：岩石经过风吹、日晒、雨淋和气温冷热变化后，慢慢断裂，分解成小石块儿。）然后带领全班开展阅读活动，让学生理解课文大意。

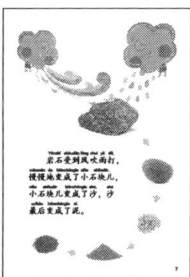

7. 练习：土壤的形成（☼见活动页3-4，第76—77页）。让学生在土壤形成的过程图（第76页）中填上合适的词语。然后让学生用自己的语言描述大石块儿变成土壤的过程，并写在活动页上（第77页）。

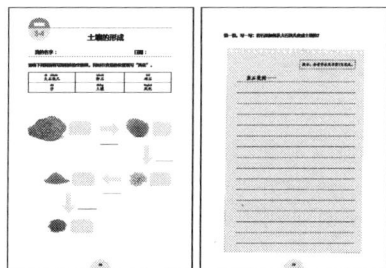

8. 总结：老师通过提问检测学习成果。

> - 土壤中含有什么成分？
> - 土壤是如何形成的？
> - 土壤有几层？

第2课时小结

> ➢ 土壤有不同的颜色、成分和特性。
>
> ➢ 土壤提供养分，帮助植物生长。
>
> ➢ 岩石受到风吹雨打，慢慢变成了小石块儿，小石块儿变成了沙，沙最后变成了泥土。

第3课时（30分钟）

课前准备 | Preparation Before Class

老师准备不同的土壤样本。

教学活动 | Activities

1. 老师引导学生思考：土壤中到底包含了哪些成分呢？土壤又会受到什么因素影响呢？鼓励学生发言。然后带领学生翻开学生用书第8—9页，让学生仔细观察图片。老师指着图片介绍并解释生词：动物、植物、气候变化（四季气温的高低）、地形变化（火山、海啸、地震）、时间（几千万年）、母质（最原始岩石层），这些因素都会影响土壤的形成和成分。然后带领全班开展阅读活动，让学生理解课文大意。

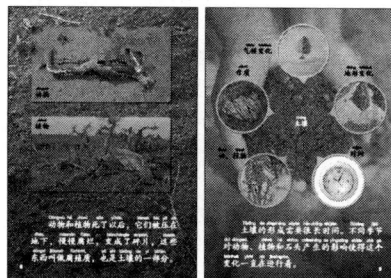

2. 课文导读：翻到学生用书第10—12页，让学生仔细观察图片并提问：

- 为什么土壤会有不同的颜色呢？（☞参考答案：土壤颜色是由土壤内的矿物质和有机质等物质的含量决定的。例如：黄色或红色土壤表示含铁量高。深棕色或黑色土壤表明土壤中有机质含量高。潮湿的土壤会比干燥的土壤显得颜色更深一些。）

3. 播放和"土壤形成"相关的视频短片，建议在YouTube上搜索关键词"*Soil Formation for Kids*"。看完后，提问：

- 土壤是怎么形成的？
- 土壤包含的成分受哪些因素影响？

鼓励学生发言，再让他们翻开学生用书第9页去寻找答案。

4. 复习第一课时的科学活动一。如果有时间可以让学生用放大镜再一次近距离观察不同的土壤样本。然后协助学生完成学生用书第13页的练习。（☞参考答案请参考本书第59页的"背景知识"。）

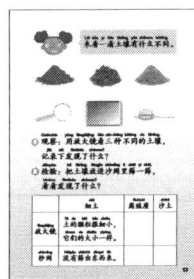

5. 总结：老师通过提问检测学习成果。

- 土壤中包含了哪些物质？
- 土壤为什么会有不同的颜色？
- 土壤的形成受到什么因素影响？

第3课时小结

⇥ 土壤中含有腐殖质、矿物质、空气和水。

⇥ 土壤有不同的颜色和成分。

⇥ 土壤受气候、地形、时间等因素影响。

延展活动｜Extended Activity

字谜：找生词

老师分发"找生词"（☼见活动页3-5，第78页）。请学生们在表格中找到词库里的生词，并画上圆圈。

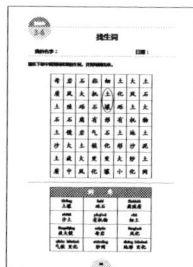

字谜　参考答案

第4课时（30分钟）

🎛 教学活动 | Activities

1.　展示学生用书第14页的图片，提问：

- 树是怎样长大的？（☞参考答案：种子⇒发芽⇒小苗⇒小树⇒开花⇒结果）

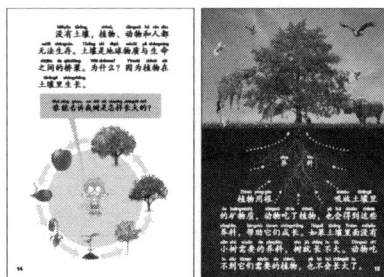

- 树要如何生长？

老师带领全班朗读第14—15页的课文，强调句型三（为什么……？因为……），引导学生表达关于土壤的知识。例如：

- 为什么土壤是地球物质与生命之间的桥梁？因为植物在土壤里生长。

- 为什么土壤有不同的颜色？因为……

- 为什么大石块儿会变成小石块儿？因为……

- 为什么小树会长大？因为……

2.　练习：填空（✿见活动页3-6，第79页）。老师解释表格里的词语，然后让学生与同伴一起完成填空题。老师巡视课堂并提供帮助。

3.　课文导读：翻到学生用书第16页，提问：

- 如果没有土壤，我们会怎么样？（☞参考答案：没有土壤，植物就不能生长，人和动物也都无法生存。）

引导学生思考并发言。带领学生朗读第16—17页的课文。

4. 参考"填空"练习（☼见活动页3-6，第79页），说一说：我要如何保护土壤？可以全班或分组讨论。

5. 播放和"热爱土壤"相关的视频短片，建议在YouTube上搜索关键词"*A Culture of Conversation — Don't Call It Dirt — A Passion for Soil*"。依据视频内容，引导学生思考：

- 土壤有什么用途？
- 如果没有土壤，地球会变成什么样？
- 人们的哪些活动会破坏土壤？
- 我们应该怎样做？

6. 总结：老师通过提问检测学习成果。

- 树是怎样长大的？
- 土壤如何帮助植物生长？
- 为什么说土壤是人类、动物和植物的共同家园？
- 如果没有土壤，我们会怎样？
- 如何保护土壤资源？

7. 复习检测：带领学生复习学生用书第1—17页的课文。随后分发"总结复习：土壤"（☼见练习纸，第83页）。老师读题，分小组讨论，老师巡回协助。

参考答案

1. 答：土壤是陆地表层疏松、肥沃、能生长植物的泥土。

2. 答：土壤是湿的、褐色的，土壤里面有落叶和小虫子。

3. 答：土壤分为三类。沙粒含量特别多的是沙土，黏粒特别多的是黏土，而沙粒、黏粒和粉粒的比例差不多的是壤土。

4. 答：腐烂的动植物遗体，被统称为腐殖质。腐殖质是植物生长所需要的肥料，腐殖质越多，土壤越肥沃。

5. 答：土壤能帮助植物生长，陶土还可以制作陶瓷等。

6. 答：没有植物，没有动物，也不会有人类。

7. 答：土壤是覆盖在地球表面的一层疏松物质，为植物提供了养料、水分，为动物提供了生存的栖息地，为人类提供了住所和制作物品的原料。

8. 答：喷洒农药、抛撒垃圾、开窑烧砖和开山毁林都是破坏土壤的行为。正确的做法是：合理使用农药、垃圾分类回收、不准开窑烧砖、严禁滥伐树木。

第4课时小结

▶ 土壤中的养料通过植物的根输送给树木。

▶ 没有土壤，植物、动物和人就无法生存。

▶ 我们要保护土壤资源。

延展活动 | Extended Activities

1. 参观当地的农场，观察土壤和种植的蔬菜、水果等农作物。

2. 参观一个花园，观察花、草、树等绿植的生长情况。

3. 在校园里种一棵树或一盆花，长期观察它们的生长。

我会 | I Can

☐ 我了解土壤的成分。

☐ 我能分辨土壤的种类和特性。

☐ 我了解土壤形成的原因。

□ 我了解土壤的用处。

□ 我了解应该如何保护土壤。

学生科学笔记问题（家庭作业） | Student Journal (Homework)

1. Can you explain what soil is?

2. Can you identify a few kinds of soil and describe their characteristics?

3. Can you describe how soil is formed?

4. Can you explain how soil help plants to grow?

5. How can you identify the layers of the soil?

6. What should we do for soil conservation?

土壤KWL图表

我的名字：   **日期：**

What I **K**now	What I **W**ant to Know	What I **L**earned
我知道 土壤……	我想知道 土壤……	我已经知道 土壤……
	土壤是怎样形成的？ 土壤里含有哪些 成分？ 土壤对植物生长有什 么好处？	

这是什么？

我的名字：   **日期：**

lìshí 砾石	shā 沙	niántǔ 黏土
fǔzhízhì 腐殖质	tǔrǎng 土壤	mǔyán 母岩

读一读，想一想：这是什么？然后，将上表中的词语填写到相应的方框里。

1. 地球表面松散、肥沃的泥土。

2. 土壤的最下层，一般是矿石生成的原生岩石。

3. 岩石经过自然变化断裂后分解成的细碎颗粒状。

4. 含沙少，有黏性的土。

5. 颗粒直径大于2毫米的岩石和矿物碎屑。

6. 残败的物质在土壤中慢慢地分解转化成的黑褐色有机体，能增加肥力和改良土壤。

土壤有几层？

我的名字：   **日期：**

请将下列词语填写到相应的空格里。

fǔzhízhì 腐殖质	nítǔ 泥土
shā 沙	mǔyán 母岩

土壤层

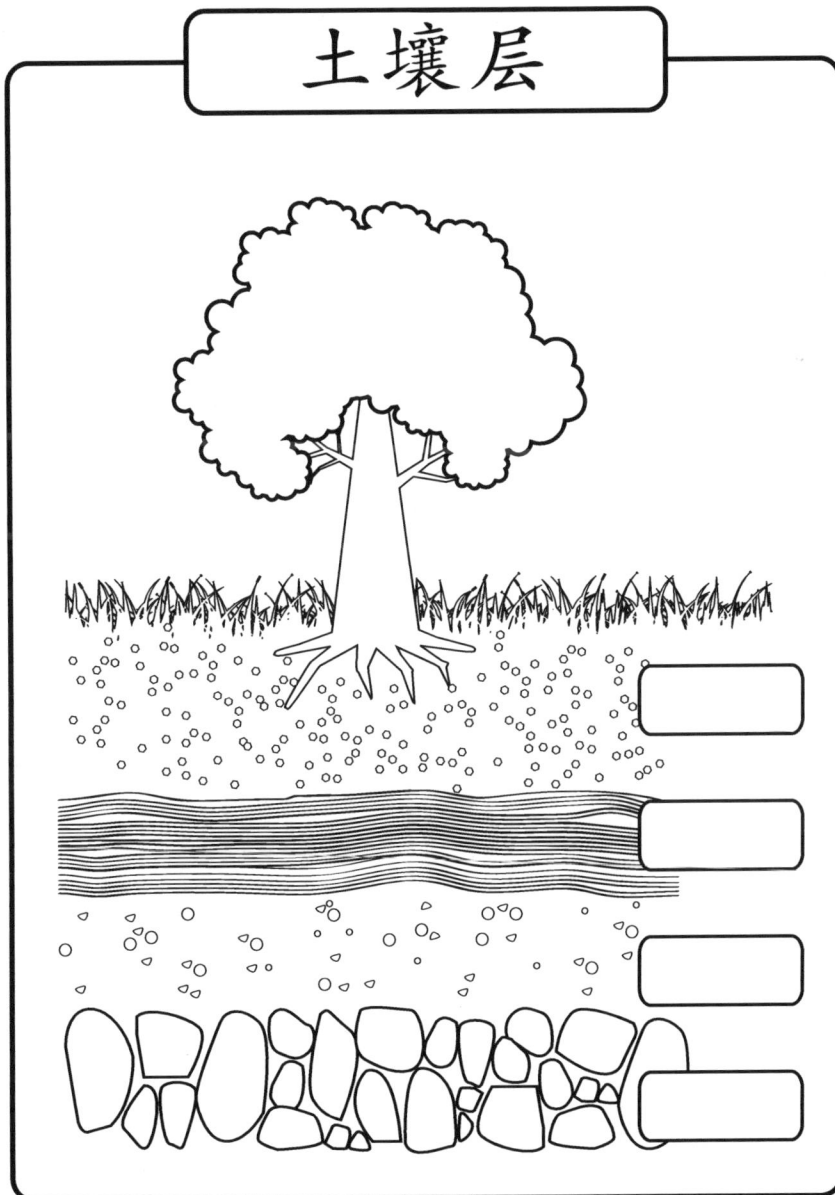

土壤的形成

我的名字：   日期：

请将下列词语填写到相应的空格里，同时在合适的位置填写"风化"。

dà shíkuàir 大石块儿	luǎnshí 卵石	lìshí 砾石
shā 沙	tǔrǎng 土壤	fēnghuà 风化

说一说，写一写：岩石是如何从大石块儿变成土壤的？

提示：参考学生用书第7页完成。

岩石受到……

找生词

我的名字：   日期：

请在下表中找到词库里的生词，并用笔圈出来。

母	岩	石	粘	细	土	大	土
质	风	大	机	土壤	化	风	石
土	殖	砾	石		砾	土	大
石	石	腐	有	形	有	机	物
土	镜	岩	气	石	土	地	土
沙	大	土	候	化	形	沙	泥
土	放	大	变	变	大	纱	土
质	中	风	化	壤	小	化	网

词　　库		
tǔrǎng 土壤	lìshí 砾石	fǔzhízhì 腐殖质
shātǔ 沙土	yǒujīwù 有机物	xìtǔ 细土
fàngdàjìng 放大镜	mǔyán 母岩	fēnghuà 风化
qìhòu biànhuà 气候 变化	shāwǎng 纱网	dìxíng biànhuà 地形 变化

填 空

我的名字：   **日期：**

请将下列词语填写到相应的空格里。

zhíwù 植物	yǎngliào 养料	suìpiàn 碎片	dòngwù 动物
gēn 根	kēlì 颗粒	rén 人	àihù 爱护

1. 土壤里有很多小 _____ 和 _____。

2. 没有土壤，_____、_____ 和 _____ 都无法生存。

3. 植物用 _____ 吸收土壤里的 _____。

4. 地球是我们大家的妈妈，我们要 _____ 她。

说一说，写一写。

我要如何保护土壤？

对比不同土壤的特性

我的名字：   **日期：**

	细土	沙土	腐殖质土
颜色 （用眼睛看）			
成分 （用放大镜看）			
触感 （用手摸）			
颗粒大小 （用纱网过滤）			

渗水实验

我的名字：   **日期：**

	细土	沙土	腐殖质土
预测 （选一个答案，画"√"。）	□快 □慢	□快 □慢	□快 □慢
渗水时间	大约 _____分钟	大约 _____分钟	大约 _____分钟
结果 （选一个答案，画"√"。）	□快 □慢	□快 □慢	□快 □慢
与预测的结论对比 （选一个答案，画"√"。）	□相同 □不相同	□相同 □不相同	□相同 □不相同

土壤层次分析

我的名字：   日期：

在试管上画出土壤颗粒与水的分界线。给每一层起一个名字，并且说出它们是什么。

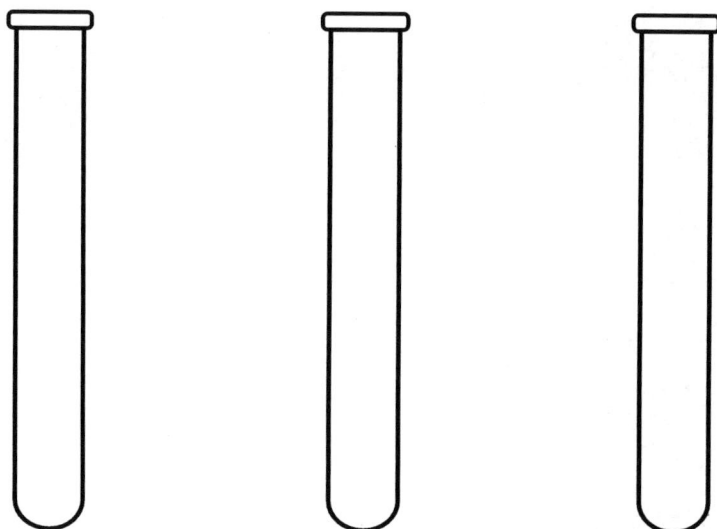

科学活动记录	细土	沙土	腐殖质土
结论			

总结复习：土壤

我的名字：　　　　　　　　　　　　　**日期：**

小组讨论。（老师读题）

1. 什么是土壤？

2. 仔细观察土壤的外观，有什么特征？

3. 土壤可分为几类？怎样分类？

4. 什么叫做腐殖质？它有什么作用？

5. 土壤有什么用处？

6. 如果没有土壤，地球将会变成什么样？

7. 为什么说土壤是人类、动物和植物的共同家园？

8. 人们的哪些活动会破坏土壤？我们应该怎样做？

第四单元　水和地球

教学目标 | Objectives

1. 了解地球上哪些地方有水。
2. 了解水的三种形态：固体、液体和气体。
3. 了解水的变化和力量。
4. 认识保护水土资源的重要性。

教学重点与难点 | Essential Questions

1. 水是如何循环变化的？
2. 水的力量有多大？

生词 | Vocabulary

水资源	指可以利用或有可能被利用的水源，具有足够的数量和合适的质量，如河川、湖泊、海洋等。
节约	指降低财富消费、减少生产成本或节省自然资源等。
固体	有一定的体积和形状，质地比较坚硬的物体，如木材、石头等。
液体	有一定的体积而没有一定形状的流动物体，如牛奶、水等。
气体	没有一定的体积和形状，可以在空中流动的物体，如空气、天然气（瓦斯）等。
流动	（液体或气体）经常变动位置。
水土流失	指水力受到外力因素而破坏地表土壤，并且影响人类和其他动植物生存的一种现象。

句型一 | Sentence Pattern 1

……不能……

▸ 我们的生活离不开水，大自然也<u>不能</u>没有水。

▸ 植物生长<u>不能</u>没有土壤、阳光和水。

句型二 | Sentence Pattern 2

……，所以……

▸ 人没有水就活不下去了，<u>所以</u>我们要爱护水资源、节约用水。

▸ 开车要注意安全，<u>所以</u>我们要系上安全带。

句型三 | Sentence Pattern 3

……，但是……

▸ 水是液体，<u>但是</u>会变成气体，也会变成固体。

▸ 学校离我家不远，<u>但是</u>走路需要20分钟。

句型四 | Sentence Pattern 4

随着……

▸ <u>随着</u>温度的变化，水会改变自己的形态。

▸ <u>随着</u>春天的到来，树叶慢慢地变绿了。

预备材料 | Materials Needed

教学课件（幻灯片或其他电子课件）		
学生用书		课前准备
生词卡片		活动材料
课堂活动 练习纸	**活动页：** 活动页4-1：水的循环 活动页4-2：水很重要	活动页4-3：找生词 活动页4-4：水从哪里来？
视频短片	**建议在YouTube上搜索以下关键词查找相关视频：** 1. *The Water Bodies — The Dr. Binocs Show* 2. *Water Cycle — Animation Lesson for Kids* 3. *The Water Cycle — The Dr. Bonics Show* 4. *Water Cycle Experiment* 5. *Water, Conserve and Protect* 6. *Save Water to Help the Earth* 7. *Importance of Water in Our Life*	
参考图书	1.《这是我的书·树林是我们的家》（第4级，200字） 2.《这是我的书·海上之行》（第5级，250字） 3.《这是我的书·芸儿》（第6级，300字） 4. *A Drop of Water: A Book of Science and Wonder* by Walter Wick 5. *Water: Emergent Reader Science* by Susan Canizares	

背景资料 | Background Information

可登录下列网址学习和水相关的知识。

关于水的科学活动：

https://littlebinsforlittlehands.com/water-science-activities-kids-stem/

水循环：

https://water.usgs.gov/edu/watercyclechinese.html

孩子们的省水观念：

https://www.epa.gov/watersense/watersense-kids

第1课时（30分钟）

🎓 课前准备 | Preparation Before Class

老师准备一个地球仪或一张世界地图，请学生们带上手工剪刀及胶棒。

🎓 教学活动 | Activities

1. 出示地球仪或世界地图让学生观察，并提问：

   - 哪些地方能够看到水？（☞参考答案：海洋、湖泊、河川，凡是蓝色的地方都是水，地球表面约有70%被水覆盖。）

2. 再提问：

   - 家或学校附近哪里能够看到水？（☞参考答案：小溪、池塘、井水、自来水等。）

3. 播放关于"水资源"的视频短片，建议在YouTube上搜索关键词"*The Water Bodies — The Dr. Binocs Show*"。让学生了解地球上有水源的地区。带领全班阅读第2—4页的课文。解释

   并区分河水、海水和湖水的概念，并说明水的重要性，例如：动、植物的生存离不开水；水可以灌溉花草树木；水可以发电、运输货物等；我们的生活都离不开水。让学生讨论：

- 我们生活中什么地方要用到水？（☛参考答案：在家里／学校／社区……；旅游／生病／吃饭时……）

4. 翻到学生用书第5页，提问：

- 水烧开了为什么会有水蒸气？
- 冰箱里的冰块是怎么做出来的？

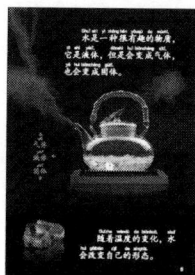

老师解释水会随着温度的变化改变形态，并让学生复习之前学过的气体、液体和固体的概念：一般常态流动的水就是液体；水加热到沸点后就会产生水蒸气，是气体；温度降到零度以下以后，水就会冻结成固体形态，叫做固体。

5. 播放关于"水循环"的视频短片，建议在YouTube上搜索关键词"*Water Cycle — Animation Lesson for Kids*""*The Water Cycle — The Dr. Bonics Show*""*Water Cycle Experiment*"。看完视频后，让学生复述他们在视频里学到的知识。然后，翻到学生用书第6—7页。老师利用书上的图片解释水循环：

- 地面上的水（海水、湖水、河水或井水等）经过太阳强烈的照射以后就会产生水蒸气，水蒸气上升后聚集成为云。
- 聚集的云遇到冷空气以后就会变成水滴。水滴无法留在天上，落到地面的过程就是我们常见的下雨现象。如果温度低到了零度（摄氏度），就像冬天的时候，水会结成冰，或变为雪花。
- 温度升高之后，像春天和夏天的时候，天气暖和了，地上的冰和雪就会化成水。

如此反复，因为温度的变化，水的形态就会随着变化。因此，我们地球上的天气也就不断地变化，出现了多云、下雨、下雪等不同的天气。

6. 解释水的循环之后，让学生分小组讨论并且做练习："水的循环"（☼见活动页 4-1，第94页）。老师提问：

> - 天上为什么会有云？
> - 为什么会下雨？
> - 天气热的时候为什么要常常给植物浇水？
> - 每天浇的水为什么不见了？
> - 天气的变化与水有什么关系？

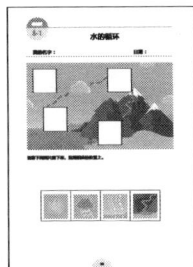

最后，带领学生开展阅读活动，并练习句型一（……不能……）、句型二（……，所以……）、句型三（……，但是……）、句型四（随着……）。

第1课时小结

➠ 我们周围有水的地方有很多，如海洋、湖泊、河流等。

➠ 水在自然环境中周而复始地循环。

第2课时（30分钟）

课前准备 | Preparation Before Class

学生们自带手工剪刀及胶棒。

教学活动 | Activities

1. 翻到学生用书第8—9页，引导学生看图片并提问：

> - 水是怎么流动的？（☞参考答案：从高处往低处流。）
> - 我们怎么观察水的流动？（☞参考答案：观察瀑布、河流、下雨以及淋浴或开水龙头洗手的时候水流的方向等。）

2. 课文导读：带领全班阅读第8—11页的课文。让学生了解水的力量很大，它可以承载很重的船，有时候也会把地面上的泥沙或树木冲走。老师提前准备并播放关于"水土流失"的视频，让学生讨论问题：

- 什么样的地球表面最容易失去土壤？为什么？
- 我们怎样来保护这些地球表面的土壤？（☞参考答案：种草、种树等。）
- 如何利用水的力量？（☞参考答案：建水坝、修水库、利用水力发电、建造水网系统、灌溉农田、修理堤坝等。）

3. 让学生想一想：

- 为什么保护水资源很重要？
- 如何保护水资源？

讨论后，播放关于"水资源"的视频短片，建议在YouTube上搜索关键词 *"Water, Conserve and Protect"* *"Save Water to Help the Earth"* *"Importance of Water in Our Life"*，看完以后，回答以下问题：

- 什么是水资源？
- 为什么要保护水资源？
- 我们怎样保护水资源？
- 我们应该如何节约用水？（请按照学生用书里面说的几个内容进行课堂讨论）
  （☞参考答案：洗手时，不要让水龙头一直开着；洗菜时，要用盆装好水，再把菜放进盆里洗，而不是开着水龙头一直冲洗；浇花时，可以用洗菜的水，在清早或傍晚时浇。）

小贴士：

美国环境保护署建议：

1.刷牙、洗脸时关好水龙头；

2.提倡淋浴；

3. 及时修理漏水管；

4. 建议清晨或傍晚浇水；

5. 多用水桶，少用水管浇水。

4. 课文导读：阅读第12页的课文，然后做练习："水很重要"（☼见活动页4-2，第95—96页）。让学生想一想水为什么很重要，然后写出水的五种用处（第95页）。（☞参考答案：洗澡、刷牙、洗菜、洗水果、浇花、游泳、喝水、洗车、洗衣服等。）

然后，让学生们看图贴句子（第96页）。先把下面四个句子剪下来，然后根据图片内容把对应的句子贴上去。

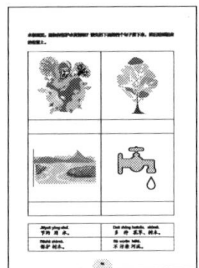

5. 总结：老师通过提问检测学习成果。

- 水是怎样流动的？
- 如何观察水的流动？
- 为什么要保护水资源？

第2课时小结

▸ 水从高处往低处流。

▸ 水的力量很大，可以运输货物，也会把地面的树木、房屋冲走。

▸ 保护水资源很重要。

延展活动 | Extended Activities

1. 字谜：找生词。

老师分发"找生词"（☼见活动页4-3，第97页）。请学生们在表格中找到词库里的生词，并画上圆圈。

字谜　参考答案

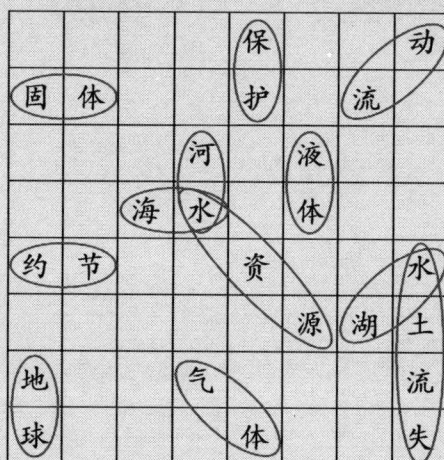

---

2. 看图填词：水从哪里来？

老师分发"水从哪里来？"（☼见活动页4-4，第98页）。根据图片填写相应的词语。

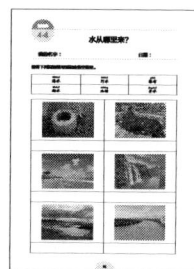

我会 | I Can

☐ 我知道地球上哪些地方有水。

☐ 我了解水会随着不同温度改变成气体、液体和固体。

☐ 我知道水从高处往低处流。

☐ 我了解水的力量很大，有时候会造成巨大灾害。

☐ 我了解水对我们的生活很重要。

☐ 我知道应该节约用水和保护水资源。

学生科学笔记问题（家庭作业） | **Student Journal (Homework)**

1. Can you identify where water is?

2. Can you describe how water change in forms?

3. Can you describe the power of water?

4. Can you name three things that you need to use water?

5. Can you name three things that you can help save water?

水的循环

我的名字：   **日期：**

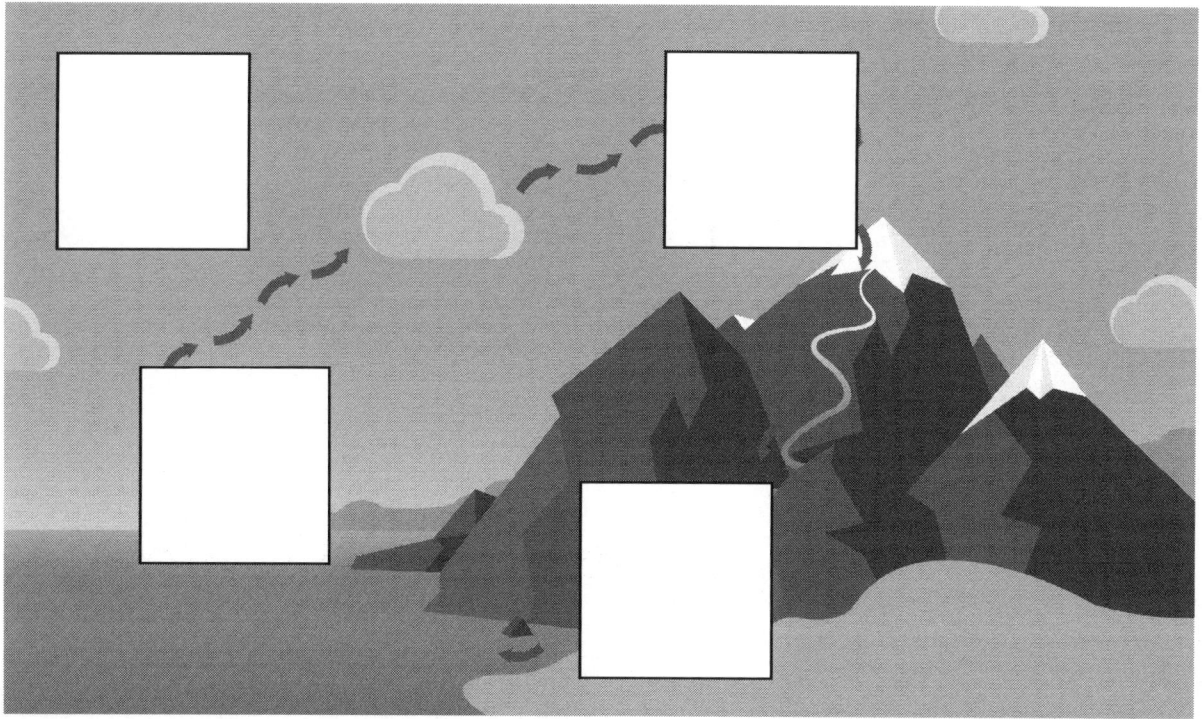

请将下列图片剪下来，贴到相应的位置上。

水很重要

我的名字：   日期：

想一想，写一写：水有什么用处？

1.
_____
_____

2.
_____
_____

3.
_____
_____

4.
_____
_____

5.
_____
_____

水很重要，那如何保护水资源呢？请先把下面的四个句子剪下来，然后贴到相应的位置上。

Jiéyuē yòng shuǐ.	Duō zhòng huācǎo, shùmù.
节约用水。	多种花草、树木。
Bǎohù shùmù.	Bù wūrǎn héliú.
保护树木。	不污染河流。

找生词

我的名字： 　　　　　　　　　　　　　　　日期：

请在下表中找到词库里的生词，并用笔圈出来。

土	水	节	地	保	土	固	动
固	体	大	气	护	水	流	保
保	土	土	河	土	液	节	土
地	流	海	水	流	体	护	体
约	节	失	固	资	水	节	水
土	气	湖	土	动	源	湖	土
地	液	土	气	源	土	约	流
球	水	水	山	体	保	失	失

词 库		
shuǐ zīyuán 水 资源	héshuǐ 河水	jiéyuē 节约
qìtǐ 气体	shuǐtǔ liúshī 水土 流失	yètǐ 液体
liúdòng 流动	gùtǐ 固体	hǎishuǐ 海水
dìqiú 地球	húshuǐ 湖水	bǎohù 保护

水从哪里来？

我的名字：   **日期：**

请将下列词语填写到相应的空格里。

hǎishuǐ 海水	héshuǐ 河水	pùbù 瀑布
húshuǐ 湖水	chítáng 池塘	jǐngshuǐ 井水